AF618971

Schriftenreihe zum deutschen und internationalen Wirtschaftsrecht

Herausgegeben von der Sozietät Gleiss Lutz

Band 29

Luidger Röckrath/Petra Linsmeier

Zivilrechtliche Billigkeitskontrolle nach § 315 BGB und Eisenbahnrecht

Maßstäbe für die Prüfung der Nutzungsentgelte der Schienenwege

Nomos

Die Deutsche Nationalbibliothek verzeichnet diese Publikation in der Deutschen Nationalbibliografie; detaillierte bibliografische Daten sind im Internet über http://www.d-nb.de abrufbar.

ISBN 978-3-8329-5264-8

1. Auflage 2010

Vorwort

Der vorliegenden Monographie liegt ein Gutachtenauftrag der DB Netz AG zugrunde. Die Gutachtenform wurde im Wesentlichen beibehalten. Rechtsprechung und Literatur wurden bis Juli 2009, im Einzelfall noch darüber hinaus, berücksichtigt.

München, den 27. November 2009

Luidger Röckrath, Petra Linsmeier

Inhaltsverzeichnis

Vorwort 5

Abkürzungsverzeichnis 11

Entscheidungsverzeichnis 14

A. Gutachtenauftrag 15

B. Hintergrund 16

I. Ausgangssituation 16
II. Regulatorischer Rahmen 17
1. Europarechtlicher Hintergrund 17
2. Vorgaben in AEG und EIBV 18
2.1 Zugang und Nutzung 19
a) Zuweisungsverfahren – Zugtrassen im Netzfahrplan 19
b) Zuweisungsverfahren – Zugtrassen im Gelegenheitsverkehr 20
2.2 Grundsätze der Entgeltbemessung 21
2.3 Kontrolle der Entgeltbemessung durch die BNetzA 21
a) Gegenstand der Kontrolle 21
b) Kontrollinstrumente 22
aa) Allgemeine Befugnisse (§ 14 c AEG) 23
bb) Besondere Mitteilungspflichten (§ 14 d AEG) 23
cc) Vorabprüfungsverfahren (§ 14 e AEG) 24
dd) Verfahren der nachträglichen Prüfung (§ 14 f AEG) 25
c) Zusammenfassung 26
III. Verträge zwischen der DB Netz AG und den Zugangsberechtigten 26
1. Grundsatz-INV 26
2. Einzelnutzungsverträge 27
2.1 Einzelnutzungsverträge im Netzfahrplan 27
2.2 Einzelnutzungsverträge im Gelegenheitsverkehr 29
3. Rahmenverträge 30

C. Rechtliche Würdigung 32

I. Inhalts- und Preiskontrollmechanismen im Zivilrecht und Kartellrecht außerhalb von § 315 BGB 32
1. Zivilrechtliche Inhalts- und Preiskontrollmechanismen 32
1.1 Kontrolle nach §§ 138, 826 BGB 32

1.2 Kontrolle nach §§ 307 ff. BGB 34
2. Kartellrechtliche Inhalts- und Preiskontrollmechanismen 35
3. Zusammenfassung 35
II. Anwendungsbereich der richterlichen Billigkeitskontrolle nach § 315 BGB 36
1. Vertragsrechtliche Grundlagen 36
2. Direkte Anwendbarkeit des § 315 BGB 38
2.1 Vertragliches Leistungsbestimmungsrecht 38
2.2 Ergänzende Vertragsauslegung und extensive Anwendung 42
2.3 Gesetzliches Leistungsbestimmungsrecht 43
a) Ausdrücklicher Verweis auf billiges Ermessen 43
b) Ableitung aus Diskriminierungsverbot? 44
3. Analoge Anwendbarkeit des § 315 BGB nach den Kriterien der Monopolrechtsprechung 45
3.1 Entwicklung der Monopolrechtsprechung 46
3.2 Kritik und aktuelle Tendenzen 47
3.3 Zwischenergebnis 51
III. Anwendbarkeit des § 315 BGB im Bereich der Trassenpreise 51
1. Direkte Anwendbarkeit des § 315 BGB 52
1.1 Einräumung eines vertraglichen Leistungsbestimmungsrechts 52
a) Vertragliches Leistungsbestimmungsrecht aus Grundsatz-INV und SNB bzw. ABN? 53
b) Vertragliches Leistungsbestimmungsrecht aus Einzelnutzungsverträgen? 54
c) Vertragliches Leistungsbestimmungsrecht aus Rahmenvertrag? 58
1.2 Vorliegen eines gesetzlichen Leistungsbestimmungsrechts 59
a) Gesetzliches Leistungsbestimmungsrecht aus §§ 14 Abs. 4 AEG, 21 Abs. 1 EIBV? 60
b) Gesetzliches Leistungsbestimmungsrecht aus § 14 Abs. 1 AEG? 62
1.3 Zwischenergebnis 63
2. Analoge Anwendbarkeit des § 315 BGB 63
2.1 Übertragbarkeit der Monopolrechtsprechung auf den Eisenbahnsektor? 64
a) Vorrang der Vorabprüfung nach § 14 e AEG? 64
b) Vorrang der nachträglichen Prüfung nach § 14 f AEG? 67
aa) Ausschluss des Zivilrechtswegs? 68
bb) Verhältnis zwischen § 14 f AEG und § 315 BGB 68
(1) Recht auf Durchführung eines Zugangs- oder Anschlussverfahrens nach § 14 f Abs. 2, 3 AEG 69
(2) Pflicht zur Durchführung eines Zugangs- oder Anschlussverfahrens nach § 14 f Abs. 2, 3 AEG 70

(3) Vorteile eines vorrangigen Zugangs- oder Anschlussverfahrens nach § 14 f Abs. 2, 3 AEG 72
(4) Folgen eines vorrangigen Zugangs- oder Anschlussverfahrens nach § 14 f Abs. 2, 3 AEG 73
cc) Sonderfall Gelegenheitsverkehr 74
c) Zwischenergebnis 75
2.2 Tatbestandsvoraussetzungen der Monopolrechtsprechung 76
a) "Angewiesensein" (Monopolstellung oder Anschluss- und Benutzungszwang) 76
b) Leistungen der Daseinsvorsorge 77
aa) "Unmittelbare" Daseinsvorsorge 78
(1) Verkehrsdienstleistungen 78
(2) Errichtung bzw. Instandhaltung der Verkehrsinfrastruktur 79
(3) Zwischenergebnis 80
bb) "Mittelbare" Daseinsvorsorge 80
(1) Entwicklung des Konzepts der "mittelbaren" Daseinsvorsorge 81
(2) Kritik 82
(3) Übertragbarkeit auf den Eisenbahnsektor? 83
(a) "Mittelbare" Daseinsvorsorge in Bezug auf den Fern- und Güterverkehr? 84
(b) "Mittelbare Daseinsvorsorge" in Bezug auf den SPNV? 86
(4) Zwischenergebnis 88
2.3 Zwischenergebnis 88

D. Zusammenfassung 90

Literaturverzeichnis 93

Abkürzungsverzeichnis

a. A.	andere Ansicht
ABN	Allgemeine Bedingungen für die Nutzung der Eisenbahninfrastruktur der DB Netz AG (Stand: 14. November 2008)
Abs.	Absatz
AcP	Archiv für die civilistische Praxis
AEG	Allgemeines Eisenbahngesetz
a. F.	alte Fassung
AGB	Allgemeine Geschäftsbedingungen
AGTierKBG BY	Gesetz zur Ausführung des Tierische Nebenprodukte-Beseitigungsgesetzes (Bayern)
Alt.	Alternative
ArbNErfG	Arbeitnehmererfindungen-Gesetz
AVBEltV	Verordnung über Allgemeine Bedingungen für die Elektrizitätsversorgung von Tarifkunden (außer Kraft)
AVBGasV	Verordnung über Allgemeine Bedingungen für die Gasversorgung von Tarifkunden (außer Kraft)
BayÖPNVG	Öffentlicher Personennahverkehr-Gesetz Bayern
BayVGH	Bayerischer Verwaltungsgerichtshof
BetrAVB	Betriebsrentengesetz
BEVVG	Bundeseisenbahnverkehrsverwaltungsgesetz
BGB	Bürgerliches Gesetzbuch
BGH	Bundesgerichtshof
BGHZ	Entscheidungen des Bundesgerichtshofs in Zivilsachen
BKartA	Bundeskartellamt
BNetzA	Bundesnetzagentur, Bundesagentur für Elektrizität, Gas, Telekommunikation, Post und Eisenbahnen
BR-Drs.	Bundesrat-Drucksache
BSG	Bundessozialgericht
bspw.	beispielsweise
BSchwAG	Bundesschienenwegeausbaugesetz
BTOElt	Bundestarifordnung Elektrizität (außer Kraft)
BVerwG	Bundesverwaltungsgericht
Bza	Beförderungszusage
bzgl.	bezüglich
bzw.	beziehungsweise
CR	Computer und Recht
CuR	Contracting und Recht
DB	Deutsche Bahn
d. h.	das heißt
DÖV	Die Öffentliche Verwaltung
EIBV	Eisenbahninfrastruktur-Benutzungsverordnung
EIU	Eisenbahninfrastrukturunternehmen
EnWG	Energiewirtschaftsgesetz
ErbbauRG	Erbbaurechtsgesetz
EVU	Eisenbahnverkehrsunternehmen
Fn.	Fußnote
FS	Festschrift

GasGVV	Gasgrundversorgungsverordnung
GOÄ	Gebührenordnung für Ärzte
Grundsatz-INV	Grundsatz-Infrastrukturnutzungsvertrag
GVFG	Gemeindeverkehrsfinanzierungsgesetz
hM	herrschende Meinung
Hs.	Halbsatz
i. d. R.	in der Regel
i. d. S.	in diesem Sinn
inkl.	inklusive
IR	InfrastrukturRecht
i. S. d.	im Sinne des/der
i. V. m.	in Verbindung mit
JuS	Juristische Schulung
JZ	JuristenZeitung
KAG	Kommunalabgabengesetz
LAG	Landesarbeitsgericht
LG	Landgericht
LuftVZO	Luftverkehrszulassungsordnung
MDR	Monatsschrift für Deutsches Recht
MMR	Multimedia und Recht
m. w. N.	mit weiteren Nachweisen
N&R	Netzwirtschaften und Recht
NJW	Neue Juristische Wochenschrift
NVwZ	Neue Zeitschrift für Verwaltungsrecht
NZM	Neue Zeitschrift für Miet- und Wohnungsrecht
OLG	Oberlandesgericht
ÖPNV	Öffentlicher Personennahverkehr
OVG	Oberverwaltungsgericht
PBefG	Personenbeförderungsgesetz
PTRegG	Postwesen- und Telekommunikationsregulierungsgesetz (außer Kraft)
RdE	Recht der Energiewirtschaft
RegG	Regionalisierungsgesetz
RVG	Rechtsanwaltsvergütungsgesetz
S.	Satz/Seite
SchiedsamtsVO	Schiedsamtsverordnung
SGB IX	Sozialgesetzbuch IX
SNB	Schienennetz-Benutzungsbedingungen der DB Netz AG (Stand: 14. November 2008)
SPNV	Schienenpersonennahverkehr
sog.	sogenannte/r/s
st. Rspr.	ständige Rechtsprechung
StromGVV	Stromgrundversorgungsverordnung
TKG	Telekommunikationsgesetz
u. a.	unter anderem
u. U.	unter Umständen
VerwArch	Verwaltungsarchiv
vgl.	vergleiche
VRS	Verkehrsrechts-Sammlung
VwVfG	Verwaltungsverfahrensgesetz
WuM	Wohnungswirtschaft und Mietrecht
WuW	Wirtschaft und Wettbewerb
z. B.	zum Beispiel
ZHR	Zeitschrift für das gesamte Handels- und Wirtschaftsrecht

Ziff.	Ziffer
ZIP	Zeitschrift für Wirtschaftsrecht
ZNER	Zeitschrift für Neues Energierecht
ZWeR	Zeitschrift für Wettbewerbsrecht

Entscheidungsverzeichnis

Verzeichnis der zitierten Entscheidungen zur Billigkeit von Trassenpreisen und Stationsnutzungsentgelten

14.10.2009	OLG Düsseldorf	Urteil	VI-U (Kart) 4/09
5.10.2009	LG Berlin	Urteil	101 O 104/08
25.8.2009	LG Düsseldorf	Urteil	14 c O 104/08
23.7.2009	LG Berlin	Urteil	104 O 95/08
29.5.2009	LG Frankfurt am Main	Urteil	3/12 O 178/08
14.5.2009	LG Berlin	Urteil	93 O 47/08
9.4.2009	LG Frankfurt am Main	Urteil	2-08 O 365/07
9.4.2009	KG Berlin	Urteil	19 U 21/08
25.3.2009	LG Düsseldorf	Urteil	34 O (Kart) 123/08
17.3.2009	LG Berlin	Urteil	98 O 25/08
26.11.2008	OLG Düsseldorf	Urteil	VI-2 U (Kart) 12/07
21.8.2008	LG Berlin	Urteil	91 O 95/06 Kart
13.8.2008	LG Berlin	Urteil	101 O 67/07
7.2.2007	OLG Düsseldorf	Urteil	VI-U (Kart) 3/06
9.8.2005	LG Berlin	Urteil	102 O 19/05
19.3.2003	OLG Düsseldorf	Urteil	U (Kart) 20/02
19.6.2002	LG Düsseldorf	Urteil	340 (Kart) 108/01
3.8.2001	LG Leipzig	Urteil	02 O 1999/01

A. Gutachtenauftrag

Der direkte Anwendungsbereich der gerichtlichen Billigkeitskontrolle gemäß §§ 315, 316 BGB ist dem Wortlaut nach eng. Seit den 1960er-Jahren hat der BGH den Anwendungsbereich jedoch mittels ergänzender Vertragsauslegung sowie extensiver und analoger Anwendung ausgedehnt. Der BGH hielt eine zivilrechtliche Preiskontrolle neben den bereits bestehenden preisrechtlichen Kontrollmechanismen in bestimmten Bereichen für geboten. Betroffen sind u. a. die Tarife von Krankenhäusern, Wasserversorgern, Abwasser- und Abfallentsorgern sowie Flughafenbetreibern, insbesondere aber auch die Entgelte von Energieversorgungsunternehmen und anderen Netzbetreibern. So hat der BGH in jüngster Zeit in einer Reihe von – nicht immer widerspruchsfreien – Entscheidungen festgestellt, dass die Preise von Energieversorgern und Netzbetreibern unter bestimmten Umständen einer gerichtlichen Billigkeitskontrolle unterliegen. Höchstrichterlich ist dagegen bislang nicht entschieden, ob dies auch für die Trassenpreise von Eisenbahninfrastrukturunternehmen (im Folgenden: "EIU") gilt, die über ein natürliches Monopol an ihrem Schienennetz verfügen.

Eisenbahnverkehrsunternehmen (im Folgenden: "EVU") gehen in Einzelfällen gerichtlich gegen die geltenden Trassenpreise von EIU im Ganzen oder gegen einzelne Bestandteile und deren jeweilige Höhe vor.[1] Wie in Energierechtsfällen berufen sich die EVU in Passivprozessen auf die vermeintliche Unbilligkeit der Trassenpreise gemäß § 315 BGB und nennen diese als Grund für die ganz oder teilweise verweigerte Zahlung. Oder sie fordern selbst – möglicherweise unter Verweis auf etwaige erklärte Vorbehalte – vermeintlich überbezahlte Trassenpreise im Rahmen von Rückforderungsprozessen wieder zurück.

Gegenstand dieses Gutachtens ist die Klärung der Frage, ob die Trassenpreise einer gerichtlichen Billigkeitskontrolle nach § 315 BGB zugänglich sind und an welchen Vorschriften und Maßstäben sich eine solche zivilrechtliche Kontrolle gegebenenfalls zu messen hätte. Dabei kommt es maßgeblich auf das Zusammenspiel zwischen den eisenbahnrechtlichen Normen und dem allgemeinen Zivilrecht an. Insbesondere ist auf die Frage einzugehen, welche Auswirkungen die §§ 14 ff. des Allgemeinen Eisenbahngesetzes (im Folgenden: "AEG") und die Eisenbahninfrastruktur-Benutzungsverordnung (im Folgenden: "EIBV") auf die Anwendbarkeit und die inhaltliche Ausgestaltung von § 315 BGB haben.

1 Soweit ersichtlich ist der erste dieser Prozesse derzeit unter dem Aktenzeichen KZR 14/07 beim BGH anhängig, vgl. BGH, Beschluss vom 10. Dezember 2007, KZR 14/07, NJW 2008, 1165 – *Eisenbahntrassennutzung* mit Anmerkungen von *Steeg*, IR 2008, 68-69 und *Schmitt-Kanthak*, N&R 2008, 86-87. Mit diesem Beschluss wies der BGH den Beteiligungsantrag der BNetzA mit der Begründung zurück, die entsprechenden Vorschriften des EnWG und des TKG seien in eisenbahnrechtlichen Streitigkeiten nicht entsprechend anzuwenden.

B. Hintergrund

I. Ausgangssituation

Die DB Netz AG ist ein im Jahr 1998 gegründetes, hundertprozentiges Tochterunternehmen der Deutsche Bahn AG. Als EIU i. S. d. § 2 Abs. 1 AEG betreibt die DB Netz AG den Großteil des deutschen Eisenbahnschienennetzes. Sie erbringt Leistungen für über 300 EVU,[2] die das Schienennetz der DB Netz AG nutzen, und gewährt diesen Netzzugang. Zum DB Konzern gehört u. a. auch die DB Mobility Logistics AG sowie deren Tochterunternehmen, insbesondere die DB Regio AG, die DB Fernverkehr AG und die DB Schenker Rail Deutschland AG. Bei letzteren handelt es sich um EVU, d. h. Unternehmen, die Eisenbahnverkehrsleistungen erbringen.

Die DB Netz AG erwirtschaftete im Jahr 2007 bei einem Umsatz von EUR 4.005 Mio. einen Gewinn von EUR 146 Mio. Im Jahr 2006 erzielte die DB Netz AG einen Verlust in Höhe von EUR 212 Mio. bei einem Umsatz von EUR 3.863 Mio. Im Jahr 2005 ergab sich ein Verlust in Höhe von EUR 260 Mio. bei einem Umsatz von EUR 3.864 Mio. Die vorstehenden Betriebsergebnisse spiegeln dabei Kosten und Erlöse des gesamten Geschäfts der DB Netz AG wider, nicht nur Einnahmen und Ausgaben im Zusammenhang mit der Bereitstellung der Eisenbahninfrastruktur. Dabei wird eine kalkulatorische Abschreibung auf das vorhandene Netz unberücksichtigt gelassen, soweit die Infrastruktur durch staatliche Zuwendungen im Wege der nicht zurück zu zahlenden Baukostenzuschüsse finanziert wird. Damit erwirtschaftet die DB Netz AG derzeit keine angemessene Kapitalverzinsung. Im Jahr 2007 betrug der Return On Capital Employed (ROCE) 2,9 %.

Schienennetze stellen – ebenso wie beispielsweise Stromnetze – natürliche Monopole dar, da der Aufbau eines parallelen Netzes nicht praktikabel und wirtschaftlich sinnlos wäre.[3] Als faktische Monopolisten setzen EIU wie die DB Netz AG die Trassenpreise jährlich unter Berücksichtigung der eisenbahnrechtlichen Vorgaben eigenverantwortlich und eigenständig fest. EVU innerhalb des DB Konzerns bezahlen dabei an die DB Netz AG dieselben Trassenpreise wie konzernexterne EVU. Dennoch ist die DB Netz AG derzeit in eine Reihe von Prozessen gegen konzernexterne EVU verwickelt, die teils als Aktiv-, teils als Passivprozesse geführt werden. In diesen Prozessen versuchen die EVU, sich gegen die Zahlung der vereinbarten Trassenpreise als solche oder gegen einzelne Entgeltbestandteile und deren Höhe mit dem Argument zur Wehr zu setzen, die Trassenpreise entsprächen nicht "billigem Ermessen" i. S. d. § 315 BGB.

2 Nach *Stüer*, Aktuelle Probleme des Eisenbahnrechts XIII – Bericht über die eisenbahnrechtliche Fachtagung in Tübingen, 2007, S. 6, gehen die beteiligten Fachkreise derzeit von etwa 350 in Deutschland tätigen EVU aus.

3 Siehe nur *Frotscher/Kramer*, NVwZ 2001, 24, 29.

II. Regulatorischer Rahmen

Zum besseren Verständnis des Trassenpreissystems der DB Netz AG soll den eigentlichen rechtlichen Ausführungen ein Kurzüberblick über den regulatorischen Rahmen für die Trassennutzung vorangestellt werden.

1. Europarechtlicher Hintergrund

Der rechtliche Rahmen für die Trassennutzung der EIU in Deutschland wird vor allem durch die §§ 14 ff. AEG und die auf Grundlage von § 26 Abs. 1 Nr. 6, 7 AEG verabschiedete EIBV[4] bestimmt. Diese Normen beruhen auf gemeinschaftsrechtlichen Vorgaben,[5] insbesondere auf der Richtlinie 2001/14/EG vom 26. Februar 2001 über die Zuweisung von Fahrwegkapazität der Eisenbahn, die Erhebung von Entgelten für die Nutzung von Eisenbahninfrastruktur und die Sicherheitsbescheinigung (im Folgenden: "Richtlinie"). Gemäß Art. 30 Abs. 1 der Richtlinie haben die Mitgliedstaaten eine Regulierungsstelle einzurichten. Dieser Verpflichtung ist der deutsche Gesetzgeber mit der Errichtung der Bundesagentur für Elektrizität, Gas, Telekommunikation, Post und Eisenbahnen (im Folgenden: "Bundesnetzagentur", "BNetzA") gemäß § 4 Abs. 1 des Bundeseisenbahnverkehrsverwaltungsgesetzes (im Folgenden: "BEVVG") nachgekommen. Die Tätigkeit der BNetzA wird ergänzt durch einen nach § 4 Abs. 4 BEVVG gegründeten Eisenbahninfrastrukturbeirat.

Inhaltlich enthält die Richtlinie in Art. 4 ff. Vorgaben für die Festsetzung, Berechnung und Erhebung von Entgelten und sieht insbesondere die Schaffung einer Entgeltrahmenregelung durch die Mitgliedstaaten vor, Art. 4 Abs. 1 UAbs. 1 der Richtli-

4 Vgl. BR-Drs. 249/05.

5 Die Harmonisierung der europäischen Eisenbahngesetzgebung ist mittlerweile weit fortgeschritten. Den Anfang bildete die Richtlinie 91/440/EWG zur Entwicklung der Eisenbahnen in der Gemeinschaft, gefolgt von den Richtlinien 95/18/EG (Lizenzierung von Eisenbahnunternehmen), 95/19/EG (Trassenmanagement), 96/48/EG (Interoperabilität des transeuropäischen Hochgeschwindigkeitsbahnsystems) und 2001/16/EG (Interoperabilität des konventionellen transeuropäischen Eisenbahnsystems).
Im Jahr 2001 wurde das **Erste Eisenbahnpaket** (sog. Infrastrukturpaket) angenommen, bestehend aus den Richtlinien 2001/12/EG (Entwicklung der Eisenbahnunternehmen in der Gemeinschaft), 2001/13/EG (Zulassung von Eisenbahnunternehmen) und 2001/14/EG (Trassenmanagement II). Es wird ergänzt durch die Entscheidung 2002/844/EG der EU-Kommission.
2004 folgte das **Zweite Eisenbahnpaket**, bestehend aus den Richtlinien 2004/49/EG (Eisenbahnsicherheit), 2004/50/EG (Interoperabilität des transeuropäischen Eisenbahnsystems) und 2004/51/EG (Öffnung des europäischen Güterverkehrs) sowie der Verordnung (EG) 881/2004 zur Errichtung einer Europäischen Eisenbahnagentur.
Das **Dritte Eisenbahnpaket** wurde im Herbst 2007 verabschiedet. Es umfasst die Verordnungen (EG) 1370/2007 (Öffentliche Personenverkehrsdienste) und 1371/2007 (Fahrgastrechte) sowie die Richtlinien 2007/58/EG (Öffnung des grenzüberschreitenden Schienenpersonenverkehrs) und 2007/59/EG (Europäischer Lokführerschein).
Im Zuge der Revisionsvorschläge der EU-Kommission kam es im Jahr 2008 zum Erlass der Richtlinien 2008/57/EG (Interoperabilität) und 2008/110/EG (Eisenbahnsicherheit). Daneben ist am 1. Januar 2009 die Verordnung (EG) 1335/2008 zur Änderung der Verordnung (EG) 881/2004 (Europäische Eisenbahnagentur) in Kraft getreten.

nie. Innerhalb dieser Rahmenregelung nehmen die Infrastrukturbetreiber die Berechnung und Erhebung der Entgelte selbst vor, Art. 4 Abs. 1 UAbs. 2 der Richtlinie. Fühlt sich ein Antragsteller ungerecht behandelt, diskriminiert oder auf andere Weise in seinen Rechten verletzt, so gibt ihm Art. 30 Abs. 2 der Richtlinie das Recht, die Regulierungsstelle zu befassen. Dies gilt insbesondere bei Entscheidungen des Infrastrukturbetreibers, die die Entgeltregelung und die Höhe oder Struktur der Wegeentgelte betreffen, vgl. Art. 30 Abs. 2 lit. d und lit. e der Richtlinie. Gemäß Art. 30 Abs. 3 der Richtlinie gewährleistet die Regulierungsstelle zudem, dass die vom Betreiber der Infrastruktur festgesetzten Entgelte dem Kapitel II der Richtlinie entsprechen und nichtdiskriminierend sind.

2. Vorgaben in AEG und EIBV

Die inhaltlichen Vorgaben aus der Richtlinie hat der deutsche Gesetzgeber insbesondere in den §§ 14 ff. AEG und in der EIBV umgesetzt.[6] § 14 Abs. 1 AEG enthält das eisenbahnrechtliche Gebot der diskriminierungsfreien Gewährung des Zugangs zur Eisenbahninfrastruktur und der diskriminierungsfreien Erbringung von Leistungen (im Folgenden: "Diskriminierungsverbot").[7] Danach trifft die EIU insbesondere die Pflicht, die diskriminierungsfreie Benutzung der Infrastruktur sowie die diskriminierungsfreie Erbringung der angebotenen Leistungen in dem durch die EIBV bestimmten Umfang zu gewähren.[8] Gemäß § 14 Abs. 6 AEG gilt der Grundsatz des verhandelten Netzzugangs, der durch materielle Maßstäbe und behördliche Eingriffsbefugnisse teilweise eingeschränkt ist. Die Einzelheiten des Zugangs, darunter auch das zu entrichtende Entgelt, sind zwischen den Zugangsberechtigten und den EIU zu vereinbaren.

6 Vereinzelt werden Bedenken geäußert, die deutsche Umsetzung sei mit den gemeinschaftsrechtlichen Vorgaben, insbesondere mit der Richtlinie 2001/14/EG, nicht vereinbar, vgl. *KCW/Uniconsult/HSH Nordbank/Steer Davies Gleave*, Privatisierung der integrierten Deutschen Bahn AG – Auswirkungen und Alternativen, Gutachten im Auftrag des BDI und DIHK, 2006, S. 305; a. A. wohl *Koenig*, Gutachter und Prozessbevollmächtigter der BNetzA, vgl. *Koenig/Neumann/Schellberg*, WuW 2006, 139, 142. Allerdings betreffen die dort geäußerten Bedenken ausschließlich die Frage der konkreten Entgeltbemessung, insbesondere die Umsetzung von Art. 8 Abs. 1 UAbs. 2 der Richtlinie 2001/14/EG. Diese Frage spielt jedoch im Kontext dieses Rechtsgutachtens keine Rolle und kann daher an dieser Stelle auf sich beruhen.

7 Trotz der verbreiteten Bezeichnung als Diskriminierungsverbot handelt es sich bei § 14 Abs. 1 AEG nicht um eine Verbotsnorm, sondern um eine an die EIU gerichtete Gebotsnorm. Ein Verstoß gegen § 14 Abs. 1 AEG kann folglich nicht zur Nichtigkeit gemäß § 134 BGB führen, so auch *LG Berlin*, Urteil vom 17. März 2009, 98 O 25/08, WuW/E DE-R 2561; *LG Frankfurt*, Urteil vom 15. April 2009, 2-08 O 365/07, S. 14.; *LG Berlin*, Urteil vom 23. Juli 2009, 104 O 95/08, S. 10; *LG Berlin*, Urteil vom 14. Mai 2009, 93 O 47/08, S. 9; *Gerstner*, in: Beck'scher AEG-Kommentar, § 14 Rn. 52 ff.

8 Es ist umstritten, ob aus der in § 14 Abs. 1 AEG enthaltenen Verweisung auf die EIBV lediglich ein Anspruch der EVU erwächst, so behandelt zu werden, wie andere vergleichbare EVU in vergleichbaren Situationen behandelt werden (so bspw. *Gerstner*, in: Beck'scher AEG-Kommentar, 2006, § 14 Rn. 78) oder ob daraus ein echter subjektiver öffentlich-rechtlicher Anspruch auf Netzzugang abzuleiten ist (so bspw. *Frotscher/Kramer*, NVwZ 2001, 24, 26).

2.1 Zugang und Nutzung

Der Zugang zu den Schienenwegen der EIU sowie deren Nutzung ist im Wesentlichen in den Schienennetz-Benutzungsbedingungen geregelt, die jeder Betreiber von Schienenwegen gemäß § 4 EIBV aufzustellen und zu veröffentlichen hat.[9] Dieser Verpflichtung ist die DB Netz AG mit Veröffentlichung der Schienennetz-Benutzungsbedingungen mit Stand vom 14. November 2008 (im Folgenden: "SNB") nachgekommen. Teil dieser SNB sind die Allgemeinen Bedingungen für die Nutzung der Eisenbahninfrastruktur der DB Netz AG (im Folgenden: "ABN"). Daneben enthalten die SNB Regelungen zu den Zugangsbedingungen, der Infrastruktur, der Kapazitätszuweisung, dem Leistungsumfang, den Entgeltgrundsätzen sowie zu Haftungsfragen.

a) Zuweisungsverfahren – Zugtrassen im Netzfahrplan

Wesentlicher Bestandteil der SNB ist das sog. Zuweisungsverfahren, ein mehrstufiges Verfahren für die Festlegung und Zuweisung von Zugtrassen im Rahmen des Netzfahrplans. § 8 Abs. 1 S. 2 EIBV enthält Einzelheiten zur Durchführung des Zuweisungsverfahrens, die bei der jährlichen Erstellung des Netzfahrplans[10] zwingend zu berücksichtigen sind. Im Rahmen des zeitlich gestaffelten Zuweisungsverfahrens können Zugangsberechtigte Anträge auf Zuweisung von Zugtrassen stellen, die im Ergebnis zur Erstellung des endgültigen Netzfahrplans und zum Abschluss von Einzelnutzungsverträgen zwischen EIU und EVU gemäß § 14 Abs. 6 AEG führen. Dieses Zuweisungsverfahren, das nicht für die Anmeldung zum Gelegenheitsverkehr oder für außergewöhnliche Transporte gilt, läuft überblicksweise wie folgt ab:[11]

9 Grundsätzlich sieht § 4 Abs. 1 Nr. 1 EIBV die vollständige Veröffentlichung der Schienennetz-Benutzungsbedingungen im Bundesanzeiger vor. Nach Nr. 2 ist es allerdings auch zulässig, die Schienennetz-Benutzungsbedingungen im Internet zu veröffentlichen und lediglich die Adresse im Bundesanzeiger bekannt zu geben.

10 Der Netzfahrplan ist in § 2 Nr. 8 EIBV legaldefiniert als die Daten zur Festlegung aller geplanten Zugbewegungen und Bewegungen der Fahrzeuge, die auf dem betreffenden Schienennetz während der Gültigkeitsdauer des Netzfahrplans durchgeführt werden.

11 Quelle: SNB S. 37, Stand: 14. November 2008.

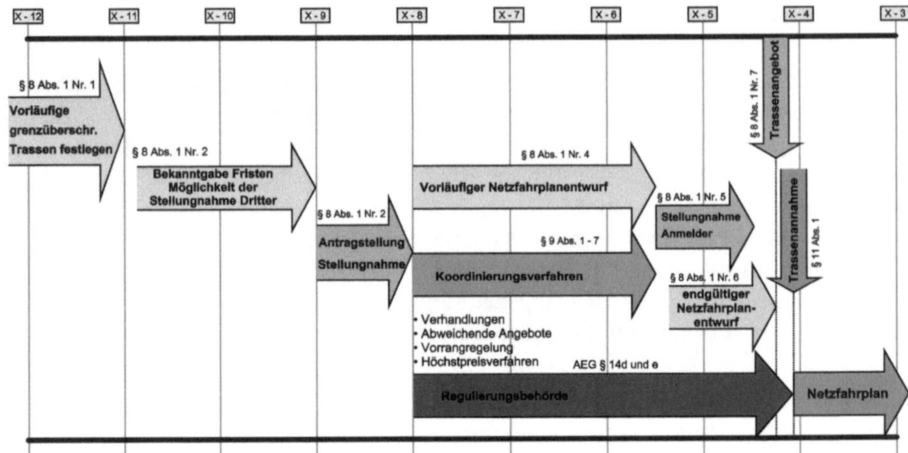

Quelle: DB Netz AG

Die Entgelte für die Trassennutzung im Netzfahrplan sind gemäß § 21 Abs. 7 EIBV einen Monat vor Beginn der Frist zur Trassenanmeldung (vgl. § 8 Abs. 1 Nr. 2 EIBV) zu veröffentlichen oder zuzusenden. Sie gelten für die gesamte neue Fahrplanperiode.

b) Zuweisungsverfahren – Zugtrassen im Gelegenheitsverkehr

Im Gelegenheitsverkehr, d. h. bei Anträgen auf Zuweisung einzelner Zugtrassen außerhalb der Erstellung des Netzfahrplans, gilt das Verfahren gemäß § 14 EIBV: Die EVU melden die beabsichtigte Trassennutzung unter exakter Bezeichnung des Nutzungszeitraums an. Der Betreiber der Schienenwege prüft sodann innerhalb einer Frist von maximal vier Wochen (§ 14 Abs. 1 EIBV) bzw. unverzüglich, spätestens jedoch innerhalb von fünf Arbeitstagen (§ 14 Abs. 2 EIBV), ob der Anmeldung entsprochen werden kann. Gegebenenfalls gibt er ein entsprechendes Angebot ab, das nur innerhalb einer Frist von fünf Arbeitstagen (§ 14 Abs. 1 EIBV) bzw. innerhalb eines Arbeitstages (§ 14 Abs. 2 EIBV) angenommen werden kann. In der Praxis – insbesondere bei Anträgen auf sehr kurzfristige Zuweisung einzelner Zugtrassen – erfolgt die Annahme dieses Angebots durch das EVU oftmals ohne ausdrückliche Erklärung gegenüber dem Betreiber der Schienenwege.

Um die Durchführung des Gelegenheitsverkehrs sicherzustellen, haben die Betreiber der Schienenwege die voraussichtlich erforderliche Schienenwegkapazität innerhalb des Netzfahrplans vorzuhalten (§ 14 Abs. 4 EIBV). Die Entgelte für die Trassennutzung im Gelegenheitsverkehr stimmen mit den Entgelten für die Trassennutzung im Netzfahrplan überein. Insoweit gelten keine Besonderheiten.

2.2 *Grundsätze der Entgeltbemessung*

Die Grundsätze für die Bemessung von Entgelten für den Zugang zu Schienenwegen sind in § 14 Abs. 4 AEG und §§ 21 ff. EIBV geregelt. Die Auslegung dieser Normen ist in Einzelheiten, die hier allerdings nicht von Bedeutung sind, umstritten.[12] Anerkannt ist, dass die Betreiber von Schienenwegen die Entgelte anteilig bis zur Höhe der Kosten erheben dürfen, die ihnen insgesamt für die Erbringung von Pflichtleistungen entstehen (sog. Vollkosten), zuzüglich einer Rendite, die am Markt erzielt werden kann (§ 14 Abs. 4 S. 1, 3 AEG).[13] Neben dieser Obergrenze sieht § 14 Abs. 4 S. 1, 2 AEG gleichzeitig eine Untergrenze für die Entgeltbemessung vor. So müssen die Entgelte mindestens die Kosten decken, die unmittelbar aufgrund des Zugbetriebs anfallen (sog. zugbetriebsbedingte Kosten bzw. Grenzkosten).[14]

Innerhalb dieser Ober- und Untergrenze legen die Betreiber der Schienenwege die Entgelte fest. Sie können dabei nach Verkehrsleistungen (Fernverkehr, Nahverkehr und Güterverkehr) und Marktsegmenten differenzieren und entsprechende Aufschläge auf die zugbetriebsbedingten Kosten erheben (§ 14 Abs. 4 S. 2 AEG). Die Entgelte sind grundsätzlich diskriminierungsfrei zu erheben (§ 21 Abs. 6 S. 1 EIBV, § 14 Abs. 1 AEG) und müssen die Wettbewerbs- und Funktionsfähigkeit der einzelnen Eisenbahnverkehrsmärkte (Verkehrsleistungen wie Marktsegmente) gewährleisten (§ 14 Abs. 4 S. 2 AEG).[15]

2.3 *Kontrolle der Entgeltbemessung durch die BNetzA*

Die BNetzA als Regulierungsbehörde hat gemäß § 14 b Abs. 1 AEG die Aufgabe, die Einhaltung der Vorschriften des Eisenbahnrechts über den Zugang zur Eisenbahninfrastruktur zu überwachen. Während die Entgeltbildungskompetenz bei den EIU liegt, wird die Entgeltkontrollkompetenz folglich von der Regulierungsbehörde wahrgenommen.[16] Nach § 14 b Abs. 2 AEG bleiben die Aufgaben und Zuständigkeiten der Kartellbehörden unberührt.

a) Gegenstand der Kontrolle

Nach § 14 b Abs. 1 Nr. 4 AEG obliegt es der Regulierungsbehörde, die Entgeltgrundsätze und Entgelthöhen zu kontrollieren. Inhalt und Reichweite dieser Entgeltkon-

12 Vgl. bspw. *Gersdorf*, Entgeltregulierung im Eisenbahnsektor, 2007, passim; *Staebe*, WuW 2006, 492 ff., *Koenig/Neumann/Schellberg*, WuW 2006, 139, 142 ff.; *Kühling/Hermeier/Heimeshoff*, Gutachten zur Klärung von Entgeltfragen nach AEG und EIBV, 2007, passim.

13 *Koenig/Neumann/Schellberg*, WuW 2006, 139, 143 Fn. 16 verweisen darauf, dass bei der Bestimmung der Obergrenze staatliche Subventionsleistungen mindernd zu berücksichtigen sind. Andernfalls käme es zu einer doppelten Erstattung der Kosten.

14 Siehe dazu *Staebe*, WuW 2006, 492, 494 ff.

15 Dazu im Einzelnen *Gersdorf*, Entgeltregulierung im Eisenbahnsektor, 2007, S. 31 ff.

16 *Gersdorf*, Entgeltregulierung im Eisenbahnsektor, 2007, S. 59 f.

trollkompetenz bestimmen sich nach den materiellen Entgeltregulierungsmaßstäben. Die Regulierungsbehörde hat zu überprüfen, ob die Entgeltgrundsätze den Vorgaben des AEG und der EIBV entsprechen. Soweit den EIU hierbei ein Ermessensspielraum in Form eines unternehmerischen Beurteilungsspielraums zukommt, darf die Regulierungsbehörde nicht ihre Beurteilung bzw. ihr Ermessen an die Stelle der Ausgestaltungsentscheidung des Netzbetreibers setzen.[17]

Neben der Kontrolle der Entgeltgrundsätze obliegt der Regulierungsbehörde auch die Kontrolle der Entgelthöhen. Die Entgelte der EIU sind folglich auf die Einhaltung des durch die Entgeltgrundsätze vorgegebenen Rahmens zu überprüfen. Zudem müssen sie den in § 14 Abs. 4 AEG, §§ 21 ff. EIBV enthaltenen materiellen Vorgaben entsprechen. Maßstab ist dabei die Einhaltung des Rahmens, der durch die Obergrenze der Vollkosten (§ 14 Abs. 4 S. 1, 3 AEG) und der Untergrenze der zugbetriebsbedingten Kosten bzw. Grenzkosten (§ 14 Abs. 4 S. 1, 2 AEG) gebildet wird. Zu berücksichtigen sind jedoch insbesondere auch die Grundsätze der Diskriminierungsfreiheit (§ 21 Abs. 6 S. 1 EIBV, § 14 Abs. 1 AEG) und die Wettbewerbs- und Funktionsfähigkeit der einzelnen Eisenbahnverkehrsmärkte (§ 14 Abs. 4 S. 2 AEG). Als Ausdruck des Behinderungsverbots stellt § 14 Abs. 4 S. 2 AEG sicher, dass die absolute Höhe der Entgelte für den Zugang zu den Schienennetzen die auf den nachgelagerten Eisenbahnverkehrsmärkten erzielbaren Entgelte nicht überschreiten oder zumindest die Preisspanne nicht so reduzieren, dass den EVU eine nachhaltige, wirtschaftlich erfolgreiche Tätigkeit nicht möglich ist.[18]

b) Kontrollinstrumente

Um die Einhaltung der rechtlichen Vorgaben für die Entgeltgrundsätze und Entgelthöhen unter Wahrung des Verhältnismäßigkeitsgrundsatzes angemessen überprüfen zu können, stellt das AEG der BNetzA eine Reihe von aufeinander abgestimmten Kontrollinstrumenten und entsprechende Mitteilungspflichten der EIU zur Verfügung:

- § 14 c AEG – allgemeine Befugnisse,
- § 14 d AEG – besondere Mitteilungspflichten der EIU,
- § 14 e AEG – Vorabprüfungsverfahren und
- § 14 f AEG – nachträgliches Prüfungsverfahren.

Diese Kontrollinstrumente sowie deren Zusammenspiel sollen im Folgenden überblicksweise darstellt werden.[19] Dabei soll nur insoweit auf umstrittene Einzelheiten eingegangen werden, wie dies für den Zweck des Gutachtens notwendig ist.

17 *Koenig/Neumann/Schellberg*, WuW 2006, 139, 145.

18 *Gersdorf*, Entgeltregulierung im Eisenbahnsektor, 2007, S. 45.

19 Zum Ganzen: *Gersdorf*, Entgeltregulierung im Eisenbahnsektor, 2007; *Kühling/Hermeier/Heimeshoff*, Gutachten zur Klärung von Entgeltfragen nach AEG und EIBV, 2007.

aa) *Allgemeine Befugnisse (§ 14 c AEG)*

Gemäß § 14 c AEG kann die BNetzA jederzeit Nachweise verlangen oder Unterlagen einsehen. Während § 14 c Abs. 1 AEG die Regulierungsbehörden allgemein ermächtigt, die Maßnahmen zu treffen, die zur Beseitigung festgestellter Verstöße und zur Verhütung künftiger Verstöße erforderlich sind, ordnen die Abs. 2 und 3 spezielle Duldungs- bzw. Mitwirkungspflichten an.

Diese Duldungs- und Mitwirkungspflichten gemäß § 14 c Abs. 2 und 3 AEG sind auch im Rahmen der Vorabprüfung nach § 14 e AEG und der nachträglichen Prüfung nach § 14 f AEG anwendbar. Demgegenüber scheidet ein Rückgriff auf die allgemeine Befugnis aus § 14 c Abs. 1 AEG im Rahmen der Vorabprüfung nach § 14 e AEG und der nachträglichen Prüfung nach § 14 f AEG nach wohl hM aus.[20] Sowohl § 14 e AEG als auch § 14 f AEG stellen spezielle Befugnisse dar, die besonderen Verfahrensvoraussetzungen und besonderen Verfahrensanforderungen unterliegen und daher als *leges speciales* die allgemeine Befugnis aus § 14 c Abs. 1 AEG verdrängen.[21]

bb) *Besondere Mitteilungspflichten (§ 14 d AEG)*

Öffentliche EIU i. S. d. § 3 Abs. 1 AEG treffen besondere Mitteilungspflichten gegenüber der Regulierungsbehörde, § 14 d AEG, sofern die Regulierungsbehörde nicht von der ihr nach § 14 e Abs. 4 S. 1 AEG eingeräumten Befugnis Gebrauch gemacht hat, auf eine Mitteilung nach § 14 d AEG im Voraus zu verzichten.[22]

Gemäß § 14 d Nr. 6 AEG müssen die öffentlichen EIU die Regulierungsbehörde über die beabsichtigte Neufassung oder Änderung von Schienennetz-Benutzungsbedingungen einschließlich der Entgeltgrundsätze und Entgelthöhen unterrichten. Allerdings ist Nr. 6 ausdrücklich nicht Gegenstand der in § 14 d S. 2, 3 AEG angeordneten Begründungspflicht. Betreiber von Schienenwegen müssen folglich bei der Neufassung oder Änderung ihrer Schienennetz-Benutzungsbedingungen gerade nicht die

20 *Gerstner*, in: Beck'scher AEG-Kommentar, § 14 c Rn. 7 f. Ablehnend wohl *Kühling/Ernert*, NVwZ 2006, 33, 37.

21 Nach *Koenig/Neumann/Schellberg*, WuW 2006, 139, 146 soll zwischen § 14 d S. 3 AEG und § 14 c Abs. 3 AEG hingegen kein Spezialitätsverhältnis bestehen, da letztere nicht auf das Verfahren der Vorabprüfung beschränkt ist und nicht automatisch ohne einzelfallbezogene Intervention der Regulierungsbehörde eingreift. Daher soll der Netzbetreiber aus Sicht von Koenig, der auch als Gutachter und Prozessbevollmächtigter für die BNetzA tätig ist, verpflichtet werden können, seine Kosten offenzulegen und nachzuweisen.

22 Mit dem Verzicht auf eine Mitteilung nach § 14 d AEG ist ein Verzicht auf die Widerspruchsbefugnis verbunden. Ist die Regelungsbehörde in diesem Fall bspw. der Ansicht, dass die neugefassten oder geänderten Schienennetz-Benutzungsbedingungen oder die Entgelte nicht den eisenbahnrechtlichen Vorgaben entsprechen, so ist sie auf ihre übrigen Befugnisse, insbesondere auf die nachträgliche Prüfung gemäß § 14 f AEG angewiesen, vgl. *Gerstner*, in: Beck'scher AEG-Kommentar, § 14 e Rn. 15.

Übereinstimmung ihrer Entgeltfestsetzung mit § 14 Abs. 4 AEG nachweisen.[23] Daher besteht im Rahmen dieser Mitteilungspflichten auch keine Pflicht zur Vorlage von Einzelkostennachweisen oder zur Offenlegung der Entgeltkalkulation.

cc) Vorabprüfungsverfahren (§ 14 e AEG)

Mit den Verfahren der Vorabprüfung (§ 14 e AEG) und der nachträglichen Prüfung (§ 14 f AEG) hat der Gesetzgeber zwei Verfahren zur Kontrolle der Einhaltung der eisenbahnrechtlichen Vorgaben für den Zugang zur Eisenbahninfrastruktur vorgesehen.[24] Soweit die Regulierungsbehörde nicht gemäß § 14 e Abs. 4 S. 1 AEG auf eine Mitteilung nach § 14 d AEG verzichtet hat, kann sie im Rahmen des Vorabprüfungsverfahrens der beabsichtigten Neufassung oder Änderung der Schienennetz-Benutzungsbedingungen und den jeweils vorgesehenen Entgeltgrundsätzen und Entgelthöhen innerhalb von vier Wochen widersprechen (§ 14 e Abs. 1 Nr. 4 AEG). Diese Frist ist in § 14 e Abs. 2 Nr. 2 AEG als Sperrfrist ausgestaltet. Die Schienennetz-Benutzungsbedingungen treten danach bis zum Fristablauf nicht in Kraft und die Regulierungsbehörde wird in die Lage versetzt, die Mitteilung zu überprüfen und ihr gegebenenfalls zu widersprechen.

Macht die Regulierungsbehörde von ihrem Aufgreifermessen Gebrauch und übt sie innerhalb dieser Sperrfrist ihr Widerspruchsrecht aus, so muss der Betreiber der Schienenwege die Nutzungsbedingungen insoweit abändern (§ 14 e Abs. 3 Nr. 2 AEG).[25] Erfolgt diese Abänderung nicht oder nicht rechtzeitig, gelten zunächst die alten Nutzungsbedingungen fort.[26] Übt die Regulierungsbehörde hingegen ihr Widerspruchsrecht nicht aus, so treten die Schienennetz-Benutzungsbedingungen zum vorgesehenen Zeitpunkt in Kraft.[27]

23 Nach *Gerstner*, in: Beck'scher AEG-Kommentar, § 14 d Rn. 13, ist die Regelung in § 14 d S. 2, 3 AEG allerdings so zu verstehen, dass der Betreiber der Schienenwege dann, wenn er freiwillig die beabsichtigte Neufassung oder Änderung von Schienennetz-Benutzungsbedingungen und die jeweils vorgesehenen Entgeltgrundsätze und Entgelthöhen begründet, dabei auch die Übereinstimmung der Entgeltfestsetzungen mit § 14 Abs. 4 AEG darzulegen hat.

24 Das Verhältnis der beiden Prüfungsverfahren zueinander ist teilweise unklar. Dies betrifft insbesondere die Frage, inwieweit sich eine Befassung der Regulierungsbehörde im Rahmen einer Vorabprüfung nach § 14 e AEG auf eine Kontrolle im Rahmen der nachträglichen Prüfung gemäß § 14 f AEG auswirkt. Die Skala reicht von einer vollständigen Bindung der Regulierungsbehörde im Rahmen der nachträglichen Prüfung an die Entscheidungen der Vorabprüfung bis hin zu deren materiellen Unbeachtlichkeit. Nach *Gerstner* ist die Nichtausübung des Widerspruchsrechts im Rahmen der Vorabprüfung zumindest dann als gewichtiges Indiz für die Einhaltung der eisenbahnrechtlichen Vorgaben anzusehen, wenn ihr eine intensive Diskussion vorausging. Dazu im Einzelnen: *Gerstner*, in: Beck'scher AEG-Kommentar, § 14 c Rn. 9 ff.

25 Kritisch zum Verfahren der Vorabprüfung und mit Hinweis auf einige Unklarheiten und Widersprüchlichkeiten *Kühling/Ernert*, NVwZ 2006, 33, 37.

26 *Kühling/Ernert*, NVwZ 2006, 33, 37.

27 *Gerstner*, in: Beck'scher AEG-Kommentar, § 14 e Rn. 23.

dd) *Verfahren der nachträglichen Prüfung (§ 14 f AEG)*

Das Verfahren der nachträglichen Prüfung nach § 14 f AEG lässt sich in ein Überprüfungsverfahren (§ 14 f Abs. 1 AEG) und ein Zugangs- oder Anschlussverfahren (§ 14 f Abs. 2 AEG) unterteilen. Im Rahmen des Überprüfungsverfahrens unterzieht die Regulierungsbehörde bei Vorliegen eines hinreichend konkreten Anfangsverdachts[28] die Schienennetz-Benutzungsbedingungen (§ 14 f Abs. 1 S. 1 Nr. 1 AEG) sowie die Entgelte (§ 14 f Abs. 1 S. 1 Nr. 2 AEG) von Amts wegen einer Überprüfung. Entsprechen diese nicht den eisenbahnrechtlichen Vorgaben, so kann sie die Benutzungsbedingungen oder die Entgelte mit Wirkung für die Zukunft für ungültig erklären oder zu ihrer Gestaltung verpflichten (§ 14 f Abs. 1 S. 2 AEG). Ein Eingriff in einzelne Trassennutzungsverträge ist im Rahmen des Überprüfungsverfahrens ebenso wenig vorgesehen wie eine per se Nichtigkeit.[29]

Das in § 14 f Abs. 2 AEG geregelte Zugangs- oder Anschlussverfahren kann auf Antrag (§ 14 f Abs. 2 S. 1 Alt. 1 AEG) oder von Amts wegen (§ 14 f Abs. 2 S. 1 Alt. 2 AEG) eingeleitet werden, wenn eine Vereinbarung nach § 14 Abs. 6 AEG bzw. ein Rahmenvertrag nach § 14 a AEG nicht zustande gekommen ist und damit die Vertragsverhandlungen endgültig gescheitert sind.[30] Liegen diese Voraussetzungen vor, kann die Regulierungsbehörde nach § 14 f Abs. 2 S. 4 AEG die Schienennetz-Benutzungsbedingungen (Nr. 1) und die Höhe und Struktur der Entgelte (Nr. 3) überprüfen. Prüfungsmaßstab ist dabei der Grundsatz der Diskriminierungsfreiheit.[31]

Ergebnis dieser Überprüfung kann nach § 14 f Abs. 3 AEG sein, dass die Regulierungsbehörde das EIU zur Änderung seiner Entscheidung verpflichtet (Nr. 1) oder aber die Vertragsbedingungen festlegt, über die Geltung des Vertrags entscheidet und den entgegenstehenden Vertrag für unwirksam erklärt (Nr. 2). Die Entscheidung der Regulierungsbehörde hat in letzterem Fall vertragsersetzende Wirkung.[32] Die Regulierungsbehörde wird unmittelbar zivilrechtsgestaltend tätig, begründet also unmittelbar zivilrechtliche Rechte und Pflichten, die an die Stelle der privatautonomen Entscheidung der Vertragsparteien treten.[33] Sie ist allerdings bei ihrer Entscheidung an den Verhältnismäßigkeitsgrundsatz gebunden.[34]

§ 14 f Abs. 2 AEG enthält eine Reihe von Fristen. So kann der Zugangsberechtigte den Antrag auf Überprüfung nach § 14 f Abs. 2 S. 3 AEG nur innerhalb der Frist stellen, in der das Angebot des EIU zum Abschluss der Vereinbarung angenommen werden kann, nach § 11 Abs. 4 EIBV also innerhalb von fünf Werktagen. Fordert die Regulierungsbehörde die Beteiligten auf, Auskünfte zu erteilen, so müssen diese der Aufforderung innerhalb von zwei Wochen nachkommen (§ 14 f Abs. 2 S. 5 AEG). Die

28 *Gerstner*, in: Beck'scher AEG-Kommentar, § 14 f Rn. 16.
29 Dazu: *Gerstner*, in: Beck'scher AEG-Kommentar, § 14 f Rn. 11, 12, 23.
30 *Gerstner*, in: Beck'scher AEG-Kommentar, § 14 f Rn. 34.
31 *Gerstner*, in: Beck'scher AEG-Kommentar, § 14 f Rn. 47.
32 *Frotscher/Kramer*, NVwZ 2001, 24, 30; *Gerstner*, in: Beck'scher AEG-Kommentar, § 14 f Rn. 49; *OVG Münster*, Beschluss vom 5. Juni 2003, 20 B 113/03, NVwZ-RR 2004, 399, 400 – allerdings auf Grundlage der Vorgängerregelung.
33 *Frotscher/Kramer*, NVwZ 2001, 24, 30; *Kühling/Ernert*, NVwZ 2006, 33, 37.
34 *Gerstner*, in: Beck'scher AEG-Kommentar, § 14 f Rn. 50.

Regulierungsbehörde hat dann binnen zwei Monaten zu entscheiden (§ 14 f Abs. 2 S. 6 AEG).[35] Diese Entscheidungsfrist darf nach wohl hM nicht dadurch umgangen werden, dass die Regulierungsbehörde nach Ablauf dieser Frist von Amts wegen eine Überprüfung einleitet.[36] Die Regulierungsbehörde darf daher von Amts wegen nur Konflikte aufgreifen, für die noch kein Antrag gestellt wurde.

c) Zusammenfassung

Im Ergebnis stehen der BNetzA ausdifferenzierte Befugnisse zur Verfügung, um zu überprüfen, ob die Trassenpreise die regulatorischen Vorgaben einhalten.

III. Verträge zwischen der DB Netz AG und den Zugangsberechtigten

Nach § 14 Abs. 6 AEG gilt für die Einzelheiten des Zugangs der Grundsatz des verhandelten Netzzugangs, der allerdings durch materielle Maßstäbe und behördliche Eingriffsbefugnisse eingeschränkt ist.[37] Daraus wird das sog. Primat des Vertrages[38] abgeleitet, nach dem der Vertrag Vorrang vor hoheitlichen Entscheidungen hat. Eine behördliche Entscheidung darf folglich erst dann ergehen, wenn keine Einigung über Zeitpunkt, Dauer, Kosten und Bedingungen der Nutzung zustande kommt.[39] Insoweit kommt den privatrechtlichen Verträgen zwischen EIU und EVU gerade im Hinblick auf einen möglichen Vorrang des behördlichen Verfahrens und damit auf die Anwendbarkeit des § 315 BGB eine wesentliche Rolle zu.

1. Grundsatz-INV

Vor der erstmaligen Anmeldung zur Nutzung von Trassen schließen die DB Netz AG und die EVU regelmäßig einen Grundsatz-Infrastrukturnutzungsvertrag (im Folgenden: "Grundsatz-INV") ab. Auf dessen Basis werden jährlich (bzgl. Trassen im Rahmen des Netzfahrplans) bzw. je nach Bedarf (bzgl. Trassen im Rahmen des Gelegenheitsverkehrs) Verträge über die konkrete Nutzung der Schienennetze (im Folgenden: "Einzelnutzungsverträge") geschlossen. Dabei wird der Grundsatz-INV gemäß § 1 Ziff. 3 des Mustervertrags vom 1. Juli 2008 Bestandteil der auf seiner Basis abgeschlossenen Einzelnutzungsverträge. Der Abschluss eines Grundsatz-INV und eines oder mehrerer Einzelnutzungsverträge ist zwingende Voraussetzung für die Nutzung

35 Umstritten ist, ob es sich hierbei um eine bloße Ordnungsvorschrift oder aber um eine echte Ausschlussfrist handelt, vgl. *Gerstner*, in: Beck'scher AEG-Kommentar, § 14 f Rn. 43 ff.
36 *Gerstner*, in: Beck'scher AEG-Kommentar, § 14 f Rn. 31.
37 Dazu: *Gerstner*, in: Beck'scher AEG-Kommentar, § 14 Rn. 220 m. w. N.
38 Vgl. nur *Gerstner*, in: Beck'scher AEG-Kommentar, § 14 Rn. 18, 220.
39 Siehe auch *Frotscher/Kramer*, NVwZ 2001, 24, 30.

des Schienennetzes der DB Netz AG. Fakultativ können die EVU mit der DB Netz AG zusätzlich Rahmenverträge i. S. d. § 13 EIBV vereinbaren.

Der Grundsatz-INV regelt die wesentlichen Punkte des gesamten Vertragsverhältnis zwischen der DB Netz AG und den EVU. Dazu gehören u. a. Regelungen zu Leistungsumfang, Laufzeit und Vertragsbeendigung. Im vorliegenden Kontext von Bedeutung ist insbesondere die in § 3 Ziff. 1 des Grundsatz-INV enthaltene Regelung zu den Entgelten:

> *"Für die in § 2 genannten Leistungen entrichtet das EVU der DB Netz Entgelte entsprechend der Entgeltlisten in ihrer jeweils gültigen Fassung. Die Entgeltlisten sind im Internet unter der Adresse www.db.de/fahrweg in der Rubrik Trassen bzw. Serviceeinrichtungen verfügbar."*

Nach § 1 Ziff. 2 des Mustervertrages vom 1. Juli 2008 gelten für die Nutzung der Zugtrassen die SNB inkl. der darin als "Kapitel 8" enthaltenen ABN. In Ziff. 8.7.1 der ABN wird ebenfalls eine Regelung zu den Entgelten getroffen:

> *"Grundlage für die Entgeltberechnung der DB Netz AG ist die jeweils gültige Liste der Entgelte für Trassen."*

2. *Einzelnutzungsverträge*

Die auf Basis des Grundsatz-INV abzuschließenden Einzelnutzungsverträge regeln die konkrete Trassennutzung im Einzelfall. Zu diesem Zweck enthalten sie Bestimmungen zu den Einzelheiten des Zugangs, insbesondere zu dem Zeitpunkt und der Dauer der Nutzung, sowie zu dem zu entrichtenden Entgelt und den sonstigen Nutzungsbedingungen einschließlich der der Betriebssicherheit dienenden Bestimmungen (vgl. § 14 Abs. 6 AEG). Einzelnutzungsverträge gewähren den EVU das Zugangsrecht längstens bis zum Ende einer Netzfahrplanperiode (§ 11 Abs. 2 EIBV).

Hinsichtlich des Zustandekommens von Einzelnutzungsverträgen ist zwischen den Anträgen auf Zuweisung von Zugtrassen im Rahmen des Netzfahrplans und solchen im Gelegenheitsverkehr zu unterscheiden.

2.1 *Einzelnutzungsverträge im Netzfahrplan*

Einzelnutzungsverträge für die Zuweisung von Zugtrassen im Rahmen des Netzfahrplans kommen im Fall der DB Netz AG knapp vier Monate vor Inkrafttreten des neuen Netzfahrplans zustande:[40]

40 Quelle: SNB S. 37, Stand: 14. November 2008.

Konkrete Fristen für den Netzfahrplan 2010

Netzfahrplan 2009	*Termin*
Trassenanmeldefrist	13.3.2009 0:00 Uhrr bis 13.4.2009 24:00 Uhr
Vorläufiger Netzfahrplan-Entwurf	Bis 6.7.2009
Stellungnahme der EVU/ZB zum Vorläufigen Netzfahrplan-Entwurf	Bis 6.8.2009
Endgültiger Netzfahrplan-Entwurf (Trassenangebot)	Bis 13.8.2009
Vertragsabschluss/Abschluss Netzfahrplan (Angebotsannahme)	Bis 19.8.2009
Beginn Netzfahrplan 2009	13.12.2009 um 0:00 Uhr

Weder die vorläufige Festlegung der Zugtrassen gemäß § 8 Abs. 1 Nr. 1 EIBV noch die Trassenanmeldung der EVU innerhalb der nach § 8 Abs. 1 Nr. 2 EIBV festgelegten Frist stellt ein Angebot i. S. d. § 145 BGB dar.[41] Angebot zum Abschluss eines Einzelnutzungsvertrags ist erst die Zusendung des endgültigen Netzfahrplan-Entwurfs durch das EIU, verbunden mit der Aufforderung, dieses Angebot innerhalb von fünf Werktagen anzunehmen (§ 11 Abs. 1 S. 4 EIBV, Ziff. 8.2.8.3 SNB). Das zeitlich zwischen der vorläufigen Festlegung der Zugtrassen und der Erstellung des endgültigen Netzfahrplan-Entwurfs liegende mehrfach gestufte Zuweisungsverfahren[42] spielt für den Abschluss der Einzelnutzungsverträge insoweit keine Rolle. Allerdings führt die Komplexität des vom Gesetzgeber vorgeschriebenen Zuweisungsverfahrens zusammen mit der Masse der Trassenanmeldungen[43] dazu, dass der Einzelnutzungsvertrag im Regelfall nicht in Form einer einheitlichen Urkunde, sondern in aufeinander bezogenen, gesonderten Schreiben oder E-Mails geschlossen wird.

In der Praxis geht dem Angebot der DB Netz AG regelmäßig ein Schreiben voraus, das Sachstandsinformationen zum vorläufigen Netzfahrplan enthält. Dieses Schreiben enthält als Anlage zudem ein Formblatt, in dem die gewünschten Trassenanmeldungen in einheitlicher Form zusammengefasst sind und das ausdrücklich den Trassenpreis für die gewünschten Trassenanmeldungen ausweist. In dem Schreiben räumt die DB Netz AG den EVU eine Frist ein, innerhalb derer sie zu dem vorläufigen Netzfahrplanentwurf schriftlich Stellung nehmen können. Das eigentliche Angebot enthält dann nur noch diejenigen Anlagen, die sich infolge berechtigter Beanstandungen gegenüber dem vorläufigen Netzfahrplanentwurf verändert haben. Für die restlichen Anlagen wird ausdrücklich auf das vorangegangene Schreiben verwiesen. Diese werden dadurch Bestandteil des eigentlichen Angebots. Die DB Netz AG weist in ihrem Angebot darauf hin, dass durch dessen Annahme Einzelnutzungsverträge über die angemeldeten Trassen zustande kommen.

41 Die Trassenanmeldung ist nach allgemeiner Ansicht bloße invitatio ad offerendum, vgl. nur *Frotscher/Kramer*, NVwZ 2001, 24, 29.

42 Siehe dazu die Grafik oben unter B.II.2.1 a.

43 Die DB Netz AG verzeichnete im Jahr 2008 etwa 49.000 Trassenanmeldungen zum Netzfahrplan, die i. d. R. zwischen Mitte April und Anfang September zu bearbeiten sind.

Für die zwischen der DB Netz AG und den EVU vereinbarten Entgelte hieß es im Angebotsschreiben der DB Netz AG für die Trassenanmeldungen zum Netzfahrplan 2009:[44]

"Nach Ziff. 8.2.8.3 SNB bitten wir Sie, dieses Angebot bis spätestens 5.9.2008 zu prüfen und uns schriftlich mitzuteilen, ob Sie das Angebot annehmen. Durch Annahme des Angebots kommen Einzelnutzungsverträge über die von Ihnen angemeldeten Trassen nach Ziffer 8.1.3.2 a) SNB zustande."

Im Angebotsschreiben der DB Netz AG für den Netzfahrplan 2010 waren dagegen folgende Formulierungen enthalten:[45]

„Hiermit unterbreiten wir Ihnen insbesondere unter Zugrundelegung unserer 'Liste der Entgelte der DB Netz AG 2010 für Trassen, Zusatz- und Nebenleistungen', gültig ab 13.12.2009, unser Trassenangebot nach Ziffer 8.2.8.2 SNB und § 11 Abs. 1 EIBV zum Abschluss von Einzelnutzungsverträgen."

Diese Angebotsschreiben werden einheitlich für die schriftliche Anmeldung und für die computergestützte Anmeldung über das Trassenportal (im Folgenden: „TPN") verwendet.

In den Trassenangeboten für 2009 und 2010 war darüber hinaus jeweils ein Hinweis enthalten, dass die Bundesnetzagentur die DB Netz AG gegebenenfalls zur Änderung der Entgelte verpflichten kann:[46]

"Abschließend weisen wir darauf hin, dass die Bundesnetzagentur gemäß § 14f AEG die diesem Angebot zugrunde liegende Entscheidung überprüfen und uns ggf. zur Änderung verpflichten kann."

2.2 Einzelnutzungsverträge im Gelegenheitsverkehr

Die Einzelnutzungsverträge für die Zuweisung von Zugtrassen im Gelegenheitsverkehr kommen wie folgt zustande:[47] Die DB Netz AG übermittelt dem antragstellenden EVU unverzüglich (Ziff. 8.2.12.1 SNB) bzw. spätestens nach Ablauf einer Bearbeitungsfrist von vier Wochen (Ziff. 8.2.10.1 SNB) zusammen mit der Übermittlung der Fahrplandaten ihr Angebot auf Nutzung von Zugtrassen. Je nachdem, welches Medium das antragstellende EVU nutzt, erfolgt die Angebotsübermittlung schriftlich, über das TPN oder per Fax. Die Annahmeerklärung des EVU hat innerhalb einer Annahmefrist von 24 Stunden (Ziff. 8.2.10.1 S. 2, Ziff. 8.2.15.1 SNB) über das TPN oder per Fax zu erfolgen.

Hat das antragstellende EVU auf eine schriftliche Annahmeerklärung verzichtet (Ziff. 8.2.15.2 SNB), kommt der Einzelnutzungsvertrag mit dem Zugang des Angebots der DB Netz AG zustande, sofern das EVU nicht unverzüglich widerspricht. Bei An-

44 Quelle: DB Netz AG.
45 Quelle: DB Netz AG.
46 Quelle: DB Netz AG.
47 Siehe zum Ablauf des Zuweisungsverfahrens im Gelegenheitsverkehr bereits oben B.II.2.1 b.

trägen auf sehr kurzfristige Zuweisung von Zugtrassen gilt der Verzicht auf eine schriftliche Annahmeerklärung als konkludent erklärt, sofern das EVU nicht unverzüglich widerspricht (Ziff. 8.2.15.2 SNB).

3. *Rahmenverträge*

Zusätzlich zu dem Grundsatz-INV und den Einzelnutzungsverträgen gibt es die Möglichkeit, mit der DB Netz AG Rahmenverträge i. S. d. § 14 a AEG, § 13 EIBV abzuschließen. Solche Rahmenverträge betreffen die Inanspruchnahme von Schienenwegkapazitäten, nicht die konkrete Trassennutzung. Sie müssen eine Laufzeit von mehr als einer Netzfahrplanperiode haben (§ 13 Abs. 1 S. 1 EIBV). Dadurch erlauben sie den EIU und den EVU eine Mittel- und Langfristplanung und berücksichtigen deren ökonomische Interessen an der Verlässlichkeit einer mehrjährigen Trassenvergabe.[48] Durch Rahmenverträge kann insbesondere festgelegt werden, inwieweit der Betreiber der Schienenwege innerhalb einer zu vereinbarenden Bandbreite zu der beantragten Trasse Varianten anzubieten hat (§ 13 Abs. 1 S. 2 EIBV).

Rahmenverträge dienen im Ergebnis dazu, Trassenkonflikte – d. h. zeitgleiche, miteinander nicht zu vereinbarende Nutzungen – zu vermeiden bzw. im Sinne der Parteien zu lösen. Allerdings dürfen durch Rahmenverträge weder einzelne Trassen zugewiesen (§ 13 Abs. 1 S. 4 EIBV) noch andere Zugangsberechtigte von der Nutzung des Schienennetzes ausgeschlossen werden (§ 13 Abs. 2 S. 2 EIBV). Lässt sich ein Trassenkonflikt nicht durch Rückgriff auf den Spielraum lösen, der den Betreibern von Schienenwegen durch die vereinbarten Bandbreiten eingeräumt ist, können diese einem EVU, das mit ihnen einen Rahmenvertrag abgeschlossen hat, gegenüber einem anderen EVU Vorrang einräumen. Die Prioritätenregel des § 9 Abs. 4 S. 1 EIBV ist somit nicht anwendbar. Zudem ist dem rahmenvertraglich gebundenen Zugangsberechtigten gemäß § 13 Abs. 1 S. 5 EIBV innerhalb der jeweils vereinbarten Bandbreite eine Trasse ohne Durchführung des Höchstpreisverfahrens nach § 9 Abs. 6 EIBV anzubieten (§ 13 Abs. 1 S. 5 EIBV).[49] Der Betreiber von Schienenwegen verstößt insoweit in beiden Fällen nicht gegen das ihm obliegende Diskriminierungsverbot.

Mit dem Abschluss eines Rahmenvertrages ist die grundsätzliche Verpflichtung des Zugangsberechtigten verbunden, zu allen betreffenden Netzfahrplanperioden Trassen anzumelden und das auf die Anmeldung folgende Angebot der DB Netz AG anzunehmen (§ 2 Abs. 1, 4 des Muster-Rahmenvertrags der DB Netz AG vom 6. November 2008).[50] Allerdings sieht § 4 Abs. 1 des Muster-Rahmenvertrages vor, dass sich der rahmenvertragliche gebundene Zugangsberechtigte ohne Angabe von Gründen gegen Entrichtung eines sog. Reduzierungsentgelts von diesen Pflichten lösen kann. Faktisch kommt diese Regelung einer weitgehenden Rücktrittsmöglichkeit des rahmenvertrag-

48 *Gerstner*, in: Beck'scher AEG-Kommentar, § 14 a Rn. 2.
49 Zu der Wirkung von Rahmenverträgen im Ganzen: *Gerstner*, in: Beck'scher AEG-Kommentar, § 14 a Rn. 53 ff.
50 Quelle: DB Netz AG.

lich gebundenen Zugangsberechtigten nahe, die mit der Verwirkung einer Vertragsstrafe verbunden ist, vgl. § 13 Abs. 3 EIBV.

Abgesehen von den Reduzierungsentgelten enthalten Rahmenverträge keine Entgeltregelungen für die spätere Trassennutzung. Das konkrete Nutzungsrecht und die damit korrespondierende Pflicht zur Zahlung eines Entgelts werden erst durch Abschluss der Einzelnutzungsverträge begründet. Insofern macht der Abschluss eines Rahmenvertrages den Abschluss von Einzelnutzungsverträgen nicht entbehrlich. Ohnehin besteht keine Pflicht zum Abschluss von Rahmenverträgen. Wenn ein Zugangsberechtigter allerdings eine rahmenvertragliche Absicherung anstrebt, erfolgt der Abschluss von Rahmenverträgen regelmäßig nach dem Abschluss des Grundsatz-INV, aber vor dem Abschluss der entsprechenden Einzelnutzungsverträge.

C. Rechtliche Würdigung

Die richterliche Billigkeitskontrolle nach § 315 BGB und die Grenzen des Anwendungsbereichs dieser Norm sind nicht isoliert zu verstehen, sondern im Zusammenspiel mit den sonstigen Inhalts- und Preiskontrollmechanismen im Zivilrecht und Kartellrecht. Deshalb soll zunächst ein abstrakter Überblick über diese sonstigen Mechanismen gegeben werden (siehe dazu I.). Im Anschluss daran soll allgemein der Anwendungsbereich der richterlichen Billigkeitskontrolle gemäß § 315 BGB untersucht werden (siehe dazu II.). In einem dritten Schritt soll schließlich geprüft werden, inwieweit eine direkte oder analoge Anwendung des § 315 BGB auf die Trassenpreise der DB Netz AG in Betracht kommt (siehe dazu III.).

I. Inhalts- und Preiskontrollmechanismen im Zivilrecht und Kartellrecht außerhalb von § 315 BGB

Ausgangspunkt der deutschen (Zivil-)Rechtsordnung ist der verfassungsrechtlich geschützte Grundsatz der Privatautonomie. Danach ist es dem Einzelnen überlassen, seine Lebensverhältnisse im Rahmen der Rechtsordnung durch Rechtsgeschäfte eigenverantwortlich zu gestalten.[51] Ein richterlicher Eingriff in die Vertragsgestaltung der Parteien ist wie jede Form der richterlichen Inhalts- und Preiskontrolle nur in eng begrenzten Ausnahmefällen möglich.

Zu den von der Rechtsordnung ausdrücklich vorgesehenen Ausnahmefällen zählen insbesondere die allgemeinen zivilrechtlichen Kontrollmechanismen nach §§ 138, 826 BGB, §§ 307 ff. BGB und § 242 BGB, die kartellrechtliche Missbrauchskontrolle nach §§ 19, 20 GWB, Art. 82 EG sowie die sektorspezifischen Normen des Eisenbahnrechts bzgl. des verhandelten Netzzugangs (§ 14 Abs. 6 AEG, §§ 21 ff. EIBV). Diese Inhalts- und Preiskontrollmechanismen sollen daher im Folgenden kurz skizziert werden, soweit sie für die richterliche Kontrolle von Entgelten von Monopolisten von Bedeutung sind.

1. Zivilrechtliche Inhalts- und Preiskontrollmechanismen

1.1 Kontrolle nach §§ 138, 826 BGB

Der Gesetzgeber hat als Ausgleich für die Gefahr, dass Vertragsparteien ihre Privatautonomie missbrauchen, in § 138 Abs. 1 BGB eine Generalklausel vorgesehen. Diese setzt der autonomen Rechtsgestaltung dort eine Grenze, wo sie in Widerspruch zu den

51 *Ellenberger*, in: Palandt, BGB, Überblick vor § 104 Rn. 1.

Grundprinzipien unserer Rechts- und Sittenordnung tritt. Dabei knüpft § 138 Abs. 1 BGB ebenso wie die deliktsrechtliche Schadensersatznorm des § 826 BGB an den Begriff der "guten Sitten" an.

Nach übereinstimmender Rechtsprechung und Literatur kann der von einem Monopolisten verlangte Preis nach § 138 Abs. 1 BGB daraufhin untersucht werden, ob er sittenwidrig überhöht ist.[52] Grundsätzlich setzt die Rechtsordnung zwar voraus, dass privatautonom ausgehandelte Verträge keiner Kontrolle bedürfen. Anders soll dies aber sein, wenn die Verhandlungspositionen durch die Monopolstellung einer Partei und die daraus resultierende Abhängigkeit der anderen Partei beeinträchtigt ist. Daher hat sich die sittenwidrige Ausnutzung einer Macht- und Monopolstellung zur Durchsetzung eines übermäßigen Entgelts oder unbilliger Geschäftsbedingungen zu einer eigenen Fallgruppe der sittenwidrigen Ausnutzung i. S. d. § 138 Abs. 1 BGB entwickelt.[53] Befindet sich eine Vertragspartei in der Lage, den Vertragsinhalt einseitig diktieren zu können, so handelt sie sittenwidrig, wenn sie diese Machtstellung ausnutzt, um überhöhte Gegenleistungen durchzusetzen.[54] Überhöht ist ein Preis grundsätzlich dann, wenn er nicht nur unerheblich über dem Preis in vergleichbaren Fällen liegt (sog. Marktvergleich).[55] Insoweit schreibt der BGH:[56]

> *"Wie der Senat hinsichtlich eines Vertrages zwischen einem Stromlieferanten und einem Letztverbraucher dargelegt hat (BGH BB 71, 1177 = GRUR 1972, 718 – Stromlieferung), ist die Vereinbarung eines überhöhten Preises im Regelfall dann sittenwidrig i. S. des § 138 Abs. 1 BGB, wenn sie auf der* ***Ausnutzung einer Monopolstellung*** *gegenüber einem Partner beruht, der auf den Geschäftsverkehr mit dem Monopolisten angewiesen ist. Ob ein Preis als überhöht anzusehen ist, richtet sich nach den gesamten Umständen. Dabei kann zum Vergleich auf andere Preise zurückgegriffen werden, soweit* ***vergleichbare Sachverhalte*** *gegeben sind. Ist im zu entscheidenden Fall der Preis nicht unerheblich höher, so ist zu prüfen, ob der höhere Preis durch Umstände* ***sachlich gerechtfertigt*** *ist, die sowohl in den Verhältnissen des Stromlieferanten als auch in denen des Abnehmers ihre Grundlage haben können. Solche Umstände hat das Monopolunternehmen darzutun. Ist der höhere Preis durch solche Umstände gerechtfertigt, so ist er nicht überhöht und daher nicht sittenwidrig."* [Hervorhebungen nicht im Original]

Stellt sich heraus, dass das Entgelt sittenwidrig überhöht ist, so ist das Rechtsgeschäft grundsätzlich im Ganzen als nichtig anzusehen.[57] Eine Aufrechterhaltung mit ange-

52 *BGH*, Urteil vom 30. Oktober 1975, KZR 2/75, NJW 1976, 710 Rn. 30 – *Mehrpreis von 11 Prozent*; *Büdenbender*, Zulässigkeit der Preiskontrolle von Fernwärmeversorgungsverträgen nach § 315 BGB, S. 16.

53 *Sack*, in: Staudinger, BGB (2003), § 138 Rn. 250.

54 *BGH*, Urteil vom 30. Mai 1958, V ZR 280/56, NJW 1958, 1772; *BGH*, Urteil vom 30. Oktober 1975, KZR 2/75, NJW 1976, 710 Rn. 30 – *Mehrpreis von 11 Prozent*; *BGH*, Urteil vom 2. Juli 1998, III ZR 287/97, NJW 1998, 3188 Rn. 42.

55 *BGH*, Urteil vom 2. Juli 1998, III ZR 287/97, NJW 1998, 3188 Rn. 47 ff.

56 *BGH*, Urteil vom 30. Oktober 1975, KZR 2/75, NJW 1976, 710 Rn. 30 – *Mehrpreis von 11 Prozent*.

57 Vgl. nur *BGH*, Urteil vom 30. Mai 1958, V ZR 280/56, NJW 1958, 1772; *Ellenberger*, in: Palandt, BGB, § 138 Rn. 19.

messenem Entgelt ist nach hM regelmäßig nicht möglich.[58] Etwas anderes gilt jedoch dann, wenn der andere Vertragspartner auf die Leistungen des preisbestimmenden Unternehmens derart angewiesen ist, dass dieses Unternehmen bei Gesamtnichtigkeit des Vertrages infolge eines Kontrahierungszwanges sofort wieder zu einem Vertragsabschluss zu angemessenen Bedingungen verpflichtet wäre.[59] In diesem Fall ist das Rechtsgeschäft bis auf die Vereinbarung über das Entgelt aufrecht zu erhalten.

Als "deliktsrechtliche Generalklausel" gewährt § 826 BGB einen Schadensersatzanspruch für den Fall, dass jemand in einer gegen die guten Sitten verstoßenden Weise einem anderen vorsätzlich Schaden zugefügt hat. § 826 BGB ist auch auf missbräuchlich überhöhte Entgelte anwendbar.[60] Dabei muss der Schadensersatzanspruch nicht zwingend auf eine Geldleistung gerichtet sein, sondern kann über § 249 BGB auch zu einem Anspruch auf Leistung zu angemessenen Entgelten führen.[61] Eine individuelle Billigkeitskontrolle von Entgelten ist damit jedoch nicht verbunden.

1.2 Kontrolle nach §§ 307 ff. BGB

Allgemeine Geschäftsbedingungen (im Folgenden: "AGB") unterliegen einer Inhaltskontrolle nach den §§ 307 ff. BGB. Diese enthalten strengere Inhaltsschranken als die §§ 138, 826 BGB.[62] Verstößt eine Klausel gegen die §§ 307 ff. BGB, so ist sie unwirksam, d. h. nichtig. Der übrige Vertrag bleibt hingegen wirksam (§ 306 BGB).

Nach § 307 Abs. 3 BGB reicht die Inhaltskontrolle allerdings nur soweit, wie die entsprechenden Vertragsklauseln von Rechtsvorschriften abweichende oder diese ergänzende Regelungen enthalten. Demnach unterliegen vertragliche Preisvereinbarungen grundsätzlich nicht der Inhaltskontrolle nach §§ 307 ff. BGB. Dies gilt zumindest dann, wenn die Preisvereinbarungen – anders als bloße sog. Preisnebenabreden – unmittelbar Art und Umfang der Vergütung regeln.[63] Nach der Rechtsprechung gelten jedoch (einseitige) Leistungsbestimmungsrechte, d. h. Klauseln über die Bestimmung des Entgelts durch eine Vertragspartei oder durch Dritte, als kontrollfähige Preisnebenabreden, da sie sich lediglich mittelbar auf die Preisbestimmung auswirken.[64]

Soweit in Verträgen Leistungsbestimmungsrechte vereinbart werden, unterliegen diese grundsätzlich der AGB-rechtlichen Inhaltskontrolle nach den §§ 307 ff. BGB.

58 *BGH*, Urteil vom 12. Juli 1965, II ZR 118/63, BGHZ 44, 158, 162 Rn. 22; *BGH*, Urteil vom 21. März 1977, II ZR 96/75, NJW 1977, 1233 Rn. 12 f.

59 So im Ergebnis auch *Büdenbender*, Zulässigkeit der Preiskontrolle von Fernwärmeversorgungsverträgen nach § 315 BGB, S. 16.

60 *BGH*, Urteil vom 26. Juni 1979, KZR 15/78, MDR 1980, 121 Rn. 23 – *Metallhütte*.

61 *Büdenbender*, Zulässigkeit der Preiskontrolle von Fernwärmeversorgungsverträgen nach § 315 BGB, S. 16; *Rieble*, in: Staudinger, BGB (2004), § 315 Rn. 52.

62 Siehe *BGH*, Beschluss vom 16. April 1996, XI ZR 234/95, ZIP 1996, 957-962; *Grüneberg*, in: Palandt, BGB, Vorbemerkungen vor §§ 307-309 Rn. 16.

63 *BGH*, Beschluss vom 24. September 1998, III ZR 219/97, NJW 1999, 864 Rn. 2; *BGH*, Urteil vom 18. April 2002, III ZR 199/01, NJW 2002, 2386 Rn. 13 f.

64 *BGH*, Urteil vom 9. Juli 1981, VII ZR 139/80, BGHZ 81, 229 Rn. 11 ff.; *BGH*, Urteil vom 7. Oktober 1981, VIII ZR 229/80, BGHZ 82, 21 Rn. 10 ff; siehe auch *OLG Düsseldorf*, Urteil vom 1. Oktober 2008, VI-U (Kart) 5/08, veröffentlicht bei juris Rn. 79.

Sie haben sich in diesem Fall am Verbot der unangemessenen Benachteiligung des Vertragspartners, § 307 Abs. 1 S. 1 BGB, messen zu lassen. Im Rahmen einer umfassenden Würdigung ist zu prüfen, ob der Verwender durch die einseitige Vertragsgestaltung missbräuchlich eigene Interessen auf Kosten der anderen Partei durchzusetzen versucht.[65] Dabei sind die Interessen beider Parteien, die Anschauungen der beteiligten Verkehrskreise und die sich aus der Gesamtheit der Rechtsordnung ergebenden Bewertungskriterien einzubeziehen.[66] Anders liegt es hingegen, wenn in den entsprechenden Verträgen bereits unmittelbare Preisvereinbarungen getroffen werden. Diese unterliegen keiner AGB-rechtlichen Kontrolle.

2. *Kartellrechtliche Inhalts- und Preiskontrollmechanismen*

Neben dem Zivilrecht stellt auch das Kartellrecht (§§ 19, 20 GWB, Art. 82 EG) Mechanismen zur Kontrolle der Marktmacht marktbeherrschender Unternehmen zur Verfügung. Das Verhältnis zwischen § 315 BGB und den kartellrechtlichen Spezialregelungen war lange Zeit umstritten. Mittlerweile ist jedoch höchstrichterlich entschieden, dass § 315 BGB in unmittelbarer Anwendung neben den deliktsrechtlichen Ansprüchen des Kartellrechts anwendbar ist.[67] Kartellrecht bildet nach einem Teil der älteren Rechtsprechung auch einen Maßstab für die Kontrolle der Trassenpreise der DB Netz AG.[68] Demgegenüber kam das LG Berlin in jüngeren Urteilen zu dem Ergebnis, dass eine Anwendbarkeit neben dem AEG ausscheidet.[69]

3. *Zusammenfassung*

Im Zivil- und Kartellrecht existieren mehrere Normen, über die der Inhalt von Verträgen und insbesondere die Höhe von Leistung und Gegenleistung überprüft werden können. Alle diese Normen setzen jedoch hohe Hürden für diese Überprüfung voraus.

65 *BGH*, Urteil vom 1. Februar 2005, X ZR 10/04, NJW 2005, 1774 Rn. 21; *BGH*, Urteil vom 3. November 1999, VIII ZR 269/98, NJW 2000, 1110 Rn. 31.

66 *BGH*, Urteil vom 24. Juli 2008, VII ZR 55/07, ZIP 2008, 1729 Rn. 37 ff.; *Grüneberg*, in: Palandt, BGB, § 307 Rn. 8.

67 *BGH*, Urteil vom 13. Juni 2007, VIII RZ 36/06, NJW 2007, 2540 Rn. 18.

68 *OLG Düsseldorf*, Urteil vom 26. November 2008, VI-2 U (Kart) 23/07 Rn. 42 ff.; *OLG Düsseldorf*, Urteil vom 7. Februar 2007, VI-U (Kart) 3/06 Rn. 35 ff.; *OLG Düsseldorf*, Urteil vom 19. März 2003, U(Kart) 20/02 S. 6 ff.; *LG Frankfurt a.M.*, Urteil vom 29. Mai 2009, 3/12 O 178/08, S. 9 f.; *LG Düsseldorf*, Urteil vom 25. März 2009, 34 O (Kart) 123/08, S. 8 ff.

69 *LG Berlin*, Urteil vom 23. Juli 2009, 104 O 95/08, S. 10; *LG Berlin*, Urteil vom 14. Mai 2009, 93 O 47/08, S. 9 ff. mit Anmerkung von *Makatsch*, IR 2009, S. 162 ff.; *LG Berlin*, Urteil vom 17. März 2009, 98 O 25/08, S. 15.

II. Anwendungsbereich der richterlichen Billigkeitskontrolle nach § 315 BGB

Neben den genannten zivil- und kartellrechtlichen Inhalts- und Preiskontrollmechanismen hat die Rechtsprechung mehrfach Preise in direkter oder analoger Anwendung des § 315 BGB überprüft. Im Folgenden soll daher analysiert werden, wie weit der Anwendungsbereich der richterlichen Billigkeitskontrolle nach § 315 BGB im Allgemeinen reicht. Dazu werden zunächst die vertragsrechtlichen Grundlagen dargestellt (dazu siehe 1.). Dann wird auf die Kriterien für die direkte und für die analoge Anwendbarkeit eingegangen (dazu siehe 2. und 3.).

1. Vertragsrechtliche Grundlagen

Ein Vertrag kommt nach § 154 BGB grundsätzlich nur dann wirksam zustande, wenn sich die Parteien wirksam über die sog. *essentialia negotii* geeinigt haben. Zu den *essentialia negotii* gehört auch die Gegenleistung. Voraussetzung für einen wirksamen Vertragsschluss ist daher grundsätzlich, dass sich die Parteien entweder ausdrücklich oder durch schlüssiges Verhalten auf eine Gegenleistung geeinigt haben. Ausreichend ist aber auch, wenn die Parteien die Gegenleistung zwar nicht ausdrücklich oder konkludent bestimmt haben, diese aber zumindest eindeutig bestimmbar ist.[70] Eine solche eindeutige Bestimmbarkeit liegt bspw. dann vor, wenn die Parteien objektive Maßstäbe vereinbaren oder das dispositive Gesetzesrecht (z. B. §§ 612 Abs. 2, 632 Abs. 2, 653 Abs. 2 BGB) eine Auffangregelung bereithält.[71] Sie ist aber auch dann gewahrt, wenn die Bestimmung einseitig einer der Vertragsparteien vorbehalten wird (§§ 315, 316 BGB).[72]

In Abgrenzung zu § 154 Abs. 1 BGB liegt bei der Einräumung eines einseitigen Leistungsbestimmungsrechts gemäß § 315 BGB folglich kein offener Dissens vor. Die Vertragsparteien sind sich grundsätzlich über alle *essentialia negotii* einig. Ein Rechtsbindungswille beider Parteien besteht gerade auch im Hinblick auf eine zeitlich spätere Bestimmung der Leistung oder Gegenleistung durch eine der Parteien. § 315 BGB ermöglicht daher das Füllen einer Vertragslücke, nicht aber das Überbrücken eines bewussten Einigungsmangels.[73]

In materieller Hinsicht dient die gerichtliche Billigkeitskontrolle nach § 315 BGB der Kontrolle des Missbrauchs privatautonomer Gestaltungsmacht. Durch die Einräu-

70 *Heinrichs*, in: Palandt, BGB, § 241 Rn. 3 m. w. N.

71 *Hager*, in: Erman, BGB, § 315 Rn. 1.

72 § 315 BGB trifft seinem Wortlaut nach eine Regelung für den Fall, dass die Bestimmung der Leistung vertraglich einer Partei vorbehalten ist. Ist das der Fall, so ist im Zweifel anzunehmen, dass die Bestimmung nach billigem Ermessen zu treffen ist, § 315 Abs. 1 BGB. Entspricht die einseitige Leistungsbestimmung durch die bestimmungsberechtigte Partei nicht der Billigkeit, so ist sie für die andere Partei nicht verbindlich, § 315 Abs. 3 S. 1 BGB, und die Leistungsbestimmung wird durch gerichtliches Urteil getroffen, § 315 Abs. 3 S. 2 BGB. § 315 BGB wird ergänzt durch die Auslegungsregel des § 316 BGB, nach der im Zweifel die Person die für eine Leistung versprochene Gegenleistung bestimmen kann, die die Gegenleistung zu fordern hat.

73 *Gottwald*, in: Münchener Kommentar zum Bürgerlichen Gesetzbuch, § 315 Rn. 1 a.

mung eines einseitigen Leistungsbestimmungsrechts unterwirft sich eine Vertragspartei der Ermessensentscheidung der anderen. Dieser Ermessensentscheidung fehlt jedoch die Richtigkeitsgewähr des privatautonom ausgehandelten Vertrags.[74] § 315 BGB ist daher das notwendige Korrektiv der einseitigen Leistungsbestimmungsbefugnis einer Partei. Insoweit unterscheidet sich § 315 BGB von den Instrumenten einer richterlichen Inhalts- oder Vertragskontrolle nach §§ 138, 826, 307 ff. BGB:[75] Gegenstand der Kontrolle ist nicht der Inhalt des Vertrags selbst, sondern die Ausübung des vertraglich vereinbarten Leistungsbestimmungsrechts. Damit stellt § 315 BGB eine Form der Missbrauchskontrolle einseitigen Verhaltens dar. Eine globale Ermächtigung zur gerichtlichen Preiskontrolle – unabhängig von der Ausübung eines einseitigen Leistungsbestimmungsrechts – ist § 315 BGB angesichts des der bestimmungsberechtigten Partei eingeräumten Gestaltungsspielraums nicht zu entnehmen.[76]

Der direkte Anwendungsbereich des § 315 BGB ist seinem Wortlaut nach folglich sehr eng. Er betrifft nur Konstellationen, in denen einer Partei ein einseitiges Leistungsbestimmungsrecht vertraglich eingeräumt wird. Die Zweifelsfallregelung in § 315 Abs. 1 BGB greift auch dann nur, wenn keine Vereinbarung über den Bestimmungsmaßstab getroffen wird. Allerdings hat die Rechtsprechung den Anwendungsbereich der Vorschrift weit über ihren Wortlaut hinaus ausgedehnt. Dabei greift sie – oftmals ohne ausdrückliche Hervorhebung – entweder auf eine ergänzende Vertragsauslegung[77] oder aber auf eine extensive oder analoge Anwendung des § 315 BGB zurück.[78] Anwendungsbereich und Reichweite der Norm werden daher entscheidend durch die Rechtsprechung geprägt. Diese Rechtsprechung wird scharf kritisiert. Vor allem die unscharfe Abgrenzung zwischen der Inhaltskontrolle auf der einen Seite und der Billigkeitskontrolle auf der anderen Seite wird gerügt. Es wird für systemwidrig gehalten, § 315 BGB über die Wortlautgrenze hinaus auf bestimmte Sachverhalte anzuwenden.[79]

74 *Gottwald*, in: Münchener Kommentar zum Bürgerlichen Gesetzbuch, § 315 Rn. 4; *Hager*, in: Erman, BGB, § 315 Rn. 2; *Rieble*, in: Staudinger, BGB (2004), § 315 Rn. 28.

75 Zur Abgrenzung siehe bereits *Fastrich*, Richterliche Inhaltskontrolle im Privatrecht, 1992, S. 14 ff. *Fastrich* weist dabei auf die fundamentalen Unterschiede zwischen einer Inhaltskontrolle und einer Billigkeitskontrolle nach § 315 BGB hin. Damit lehnt er ausdrücklich jede Form der Inhaltskontrolle über § 315 BGB ab.

76 Siehe *BGH*, Urteil vom 18. Oktober 2007, III ZR 277/06, BGHZ 174, 48 Rn. 20; *Grüneberg*, in: Palandt, BGB, § 315 Rn. 2.

77 So insbesondere hinsichtlich der sog. Interimsverhältnisse, bei denen es trotz beendeter vertraglicher Beziehungen zur Weiterbelieferung und mithin zu einem faktischen Lieferverhältnis kommt.

78 Diese Auslegungsalternativen stehen in einem Stufenverhältnis zueinander, vgl. *Büdenbender*, Zulässigkeit der Preiskontrolle von Fernwärmeversorgungsverträgen nach § 315 BGB, S. 21.

79 Vgl. nur *Büdenbender*, Zulässigkeit der Preiskontrolle von Fernwärmeversorgungsverträgen nach § 315 BGB, S. 19.

2. *Direkte Anwendbarkeit des § 315 BGB*

§ 315 BGB ist direkt anwendbar, wenn einer Partei ein einseitiges Leistungsbestimmungsrecht eingeräumt wurde. Grundsätzlich ist dafür eine vertragliche Vereinbarung erforderlich (dazu siehe 2.1). Fehlt eine solche, ist in der Rechtsprechung letztlich ungeklärt, inwieweit eine ergänzende Vertragsauslegung oder eine extensive Auslegung zu einer unmittelbaren Anwendung des § 315 BGB führen kann (dazu siehe 2.2). Daneben hat die Rechtsprechung allerdings auch aus dem Gesetz selbst einseitige Leistungsbestimmungsrechte abgeleitet, deren Ausübung zu einer richterlichen Billigkeitskontrolle gemäß § 315 BGB führen kann (dazu siehe 2.3).

Hintergrund für die vertragliche Einräumung von einseitigen Leistungsbestimmungsrechten ist das berechtigte Interesse der Parteien, mehrjährige Verträge abzuschließen, ohne auf die notwendige Flexibilität verzichten zu müssen, die anfänglich vereinbarten Preise im Laufe der Zeit an sich ändernde Verhältnisse anpassen zu können. In solchen Fällen werden regelmäßig Preisänderungsklauseln vereinbart, die in einem bestehenden mehrjährigen Vertrag einer Partei das Recht geben, ihre Preise nachträglich zu ändern. Vereinbaren die Parteien keine weiteren Maßstäbe, anhand derer die einseitigen Preisänderungen überprüft werden können, so gilt im Zweifel nach § 315 Abs. 1 BGB billiges Ermessen als vereinbart. In diesem Fall ist die Bestimmung nach § 315 Abs. 3 S. 1 BGB nur verbindlich, wenn sie der Billigkeit entspricht. Die Einhaltung dieses Billigkeitsmaßstabs kann gerichtlich überprüft werden (§ 315 Abs. 3 S. 2 BGB).

2.1 *Vertragliches Leistungsbestimmungsrecht*

Ein vertraglich vereinbartes Leistungsbestimmungsrecht liegt vor, wenn der Vertrag einer Partei das Recht einräumt, nach Vertragsabschluss durch einseitige, zugangsbedürftige Willenserklärung den Inhalt einer Vertragsleistung zu bestimmen.[80] Dies kann nach allgemeinen Grundsätzen ausdrücklich oder stillschweigend erfolgen. Ausgeschlossen ist die Annahme eines vertraglichen Leistungsbestimmungsrechts hingegen immer dann, wenn sich die Parteien bereits auf einen bestimmten oder zumindest bestimmbaren Preis bzw. eine Gegenleistung geeinigt haben.[81] In diesem Fall fehlt es an einer Vertragslücke, die durch Vereinbarung eines Leistungsbestimmungsrechts geschlossen werden müsste. Die Parteien haben sich dann bereits über alle *essentialia negotii* geeinigt.

Insoweit hat der BGH mit Urteil vom 19. November 2008 entschieden:[82]

80 Vgl. bspw. *BGH*, Urteil vom 18. Oktober 2005, KZR 36/04, BGHZ 164, 336 Rn. 9 – *Stromnetznutzungsentgelt I*; *BGH*, Urteil vom 28. März 2007, VIII ZR 144/06, NJW 2007, 1672 Rn. 11 ff.

81 St. Rspr.; siehe nur *BGH*, Urteil vom 5. Juli 1991, V ZR 117/90, NJW-RR 1992, 142 Rn. 8; *BGH*, Urteil vom 23. November 1994, IV ZR 124/93, BGHZ 128, 54 Rn. 23. Vgl. auch *Hager*, in: Erman, BGB, § 315 Rn. 7.

82 *BGH*, Urteil vom 19. November 2008, VIII ZR 138/07, NJW 2009, 502 Rn. 16.

*"Eine unmittelbare Anwendung von § 315 Abs. 1 und 3 BGB setzt voraus, dass die Parteien vereinbart haben, eine von ihnen solle nach Abschluss des Vertrages die Leistung bestimmen. Daran fehlt es, wenn zwischen den Parteien eine **vertragliche Einigung über den Preis** zustande gekommen ist. Vertraglich vereinbart haben die Parteien hier zunächst den bei Abschluss des Gasvollversorgungsvertrages 1983 von der Beklagten geforderten Preis, auch wenn es sich bei diesem Preis um den allgemeinen Tarif der Beklagten für die leitungsgebundene Versorgung mit Gas handelte (BGHZ 171, 374, Tz. 13; 172, 315, Tz. 32)."* [Hervorhebungen nicht im Original]

Nach der zutreffenden höchstrichterlichen Rechtsprechung ist eine direkte Anwendung des § 315 BGB auch dann ausgeschlossen, wenn sich die Vertragsparteien auf einen feststehenden Preis geeinigt haben, der dem allgemeinen Tarif eines monopolistischen Anbieters entspricht.[83] Entscheidend ist daher nicht, wie groß der Verhandlungsspielraum des Vertragspartners des Anbieters ist. Entscheidend ist allein, ob eine Vereinbarung über das Entgelt geschlossen wurde. Dies ist Ausfluss der begrenzten Funktion des § 315 BGB als Regelung zur Missbrauchskontrolle einseitigen Verhaltens.[84]

Daher ist nach der Rechtsprechung des BGH § 315 BGB auf einen anfänglich zwischen den Parteien vereinbarten Preis auch dann nicht direkt anwendbar, wenn er das Ergebnis eines Preisbestimmungsverfahrens bzw. der Anwendung bestimmter Preisfindungsprinzipien ist. Entscheidend ist allein, ob die Vertragsparteien zum Zeitpunkt des Vertragsschlusses eine verbindliche Abrede über das Entgelt getroffen haben. Insoweit ist bereits kein Leistungsbestimmungsrecht zur Schließung einer Vertragslücke vereinbart. Zum Zeitpunkt des Vertragsschlusses liegt eine Individualvereinbarung über alle *essentialia negotii* vor. § 315 BGB ist in diesen Fällen jedenfalls direkt nicht anwendbar.

Anders hatte der Kartellsenat des BGH noch in seiner Entscheidung "Stromnetznutzungsentgelt I"[85] vom 18. Oktober 2005 entschieden. Dort sah er "zur Vermeidung einer sachlich nicht zu rechtfertigenden Ungleichbehandlung" auch den vertraglich

83 *BGH*, Urteil vom 28. März 2007, VIII ZR 144/06, NJW 2007, 1672 Rn. 11 ff.; *BGH*, Urteil vom 13. Juni 2007, VIII RZ 36/06, NJW 2007, 2540 Rn. 32; *BGH*, Urteil vom 19. November 2008, VIII ZR 138/07, NJW 2009, 502 Rn. 16. Gleiches gilt, wenn die Parteien vertraglich ein Verfahren zur Ermittlung des Preises vereinbaren, vgl. *OLG Hamm*, Urteil vom 14. Dezember 2000, 2 U 58/00, NJW 2001, 1142 Rn. 126 – *Bieterwettstreit.*

84 *Ellenberger*, in: Palandt, BGB, Einführung vor § 145 Rn. 7 weist zu Recht darauf hin, dass eine allgemeine gerichtliche Billigkeitskontrolle des Vertragsinhalts mit der Anerkennung der Vertragsfreiheit unvereinbar wäre. Die Herstellung der Vertragsparität und des wirtschaftlichen und sozialen Gleichgewichts ist Aufgabe der Grundrechte, soweit sie über die Generalklauseln der §§ 138, 242, 826 BGB in das Privatrecht einwirken. § 315 BGB zählt gerade nicht dazu, vgl. *BVerfG*, Beschluss vom 19. Oktober 1993, 1 BvR 567/89 und 1 BvR 1044/89, BVerfGE 89, 214 Rn. 55 ff.; *Rieble*, in: Staudinger, BGB (2004), § 315 Rn. 32.

85 *BGH*, Urteil vom 18. Oktober 2005, KZR 36/04, BGHZ 164, 336 Rn. 10 – *Stromnetznutzungsentgelt I*, der in diesem Fall von einer ansonsten folgenden "künstlichen Aufspaltung" zwischen Anfangspreis und Folgepreisen spricht.

vereinbarten Anfangspreis als nach § 315 BGB kontrollfähig an.[86] Insofern sei nicht der in der Anlage ausgewiesene Betrag als Preis vereinbart, vielmehr gebe dieser lediglich das Ergebnis eines Preisbestimmungsverfahrens wieder.[87] Eine solche Auffassung stellt eine die Privatautonomie der Vertragsparteien missachtende Fiktion dar, für die jegliche Grundlage fehlt. Es kann den Vertragsparteien nicht unterstellt werden, dass Gegenstand der Einigung nicht das ausdrücklich bezifferte Entgelt, sondern lediglich ein Preisbestimmungsverfahren sein sollte.

Folgerichtig hat der gleiche Senat in der Folgeentscheidung "Stromnetznutzungsentgelt III"[88] diesen Gedanken implizit aufgegeben.[89] So sah er sich gezwungen, aus § 6 EnWG 1998 ein gesetzliches Leistungsbestimmungsrecht abzuleiten und griff nicht einfach mit der Begründung aus der Entscheidung „Stromnetznutzungsentgelt I“ auf ein vertragliches Leistungsbestimmungsrecht zurück. Zudem sah er sich zur Vermeidung eines offenen Konflikts mit dem VIII. Zivilsenat gezwungen, auf die Kriterien der Monopolrechtsprechung zur analogen Anwendung des § 315 BGB im Rahmen der Daseinsvorsorge zurückzugreifen. Eine solche Argumentation kann nicht anders verstanden werden als eine Aufgabe der Rechtsprechung zur direkten Anwendbarkeit des § 315 BGB auf vertraglich vereinbarte Anfangspreise unter Berufung auf ein vertraglich vereinbartes Leistungsbestimmungsrecht.

Etwas anderes ist nach der Rechtsprechung der Fall, wenn das Entgelt zwar ursprünglich individuell vereinbart wurde, dieses aber nachträglich einseitig geändert werden kann, ohne dass es dafür einer neuen vertraglichen Vereinbarung bedarf.[90] In diesen Fällen sind Anfangspreis und Folgepreise bzw. Preisänderungen regelmäßig separat zu betrachten. Während den Vertragsparteien der bezifferte Anfangspreis (unabhängig davon, ob er unmittelbar im Vertrag, in einem Preisblatt oder einer sonstigen Anlage ausdrücklich genannt ist) bekannt ist und Teil der vertraglichen Einigung wird, begibt sich die andere Vertragspartei hinsichtlich der Folgepreise bzw. Preisänderungen in die Hände der bestimmungsberechtigten Vertragspartei, soweit die Folgepreise

86 *BGH*, Urteil vom 18. Oktober 2005, KZR 36/04, BGHZ 164, 336 Rn. 10 – *Stromnetznutzungsentgelt I*. In diesem Fall war zwischen den Parteien ein "Entgelt gemäß der jeweils geltenden Anlage 3" vereinbart worden. Diese Anlage enthielt ein Preisblatt, dessen Preise nach den Vorgaben der VV II plus berechnet worden waren. Dies wertete der BGH als vertragliche Vereinbarung eines Preisbestimmungsverfahrens – sowohl hinsichtlich der Folgepreise, als auch hinsichtlich der ausdrücklich bezifferten Anfangspreise.

87 *BGH*, Urteil vom 18. Oktober 2005, KZR 36/04, BGHZ 164, 336 Rn. 10 – *Stromnetznutzungsentgelt I*.

88 *BGH*, Urteil vom 4. März 2008, KZR 29/06, NJW 2008, 2175 Rn. 18 ff. – *Stromnetznutzungsentgelt III*. In diesem Fall hatten sich die Parteien auf ein bestimmtes Preisblatt geeinigt, soweit dieses auf Basis der VV II plus ermittelt worden war. Die Netznutzungsentgelte konnten jährlich überprüft und angepasst werden. Wie in der Entscheidung Stromnetznutzungsentgelt I standen folglich die Anfangspreise zum Zeitpunkt des Vertragsschlusses fest, hinsichtlich der Folgepreise wurde ein Preisbestimmungsverfahren auf der Grundlage der VV II plus vereinbart.

89 So bspw. auch *Markert*, RdE 2008, 176, 177.

90 *BGH*, Urteil vom 18. Oktober 2005, KZR 36/04, BGHZ 164, 336 Rn. 10 – *Stromnetznutzungsentgelt I*. Vgl. auch *BGH*, Urteil vom 13. Juni 2007, VIII ZR 36/06, NJW 2007, 2540 Rn. 36; *BGH*, Urteil vom 19. November 2008, VIII ZR 138/07, NJW 2009, 502 Rn. 26 ff. zur Anwendung des § 315 BGB auf gesetzliche Leistungsänderungsrechte. Ebenso *BGH*, Urteil vom 8. Juli 2009 VIII ZR 314/07, NJW 2009, 2894.

bzw. Preisänderungen nicht jeweils Gegenstand einer neuen vertraglichen Vereinbarung werden.

Allerdings kann selbst in dem Fall, in dem sich die Parteien nicht über die Folgepreise bzw. Preisänderungen einigen, ein vertraglich vorab vereinbartes einseitiges Leistungsbestimmungsrecht nur angenommen werden, wenn der bestimmungsberechtigten Partei bei der Festlegung des späteren Entgelts ein Ermessensspielraum zukommt. Sind dagegen bereits im ursprünglichen Vertrag die Berechnungsfaktoren für eine spätere Preisänderung vertraglich so bestimmt, dass bei der Berechnung des geänderten Preises kein Ermessensspielraum besteht (sog. Preisgleitklausel oder Kostenelementsklausel), so scheidet eine Anwendung von § 315 BGB auf die Preisänderungen aus.[91] In diesem Fall ist auch bei den späteren Preisänderungen von einer individuellen Preisvereinbarung zum Zeitpunkt des Vertragsschlusses auszugehen.

Nach höchstrichterlicher Rechtsprechung kann selbst ein einseitig festgesetzter Tarif nachträglich zum vereinbarten Preis werden. Dies soll im Rahmen von Energielieferverhältnissen gelten, wenn der Kunde die auf dem geänderten Tarif basierende Jahresabrechnung des Versorgers unbeanstandet hinnimmt, indem er weiterhin die betreffende Leistung von ihm bezieht, ohne die Tariffestsetzung in angemessener Zeit gemäß § 315 BGB als unbillig zu beanstanden.[92] Insoweit führt der BGH in der bereits erwähnten Entscheidung vom 19. November 2008 wie folgt aus:[93]

> *"Soweit die Beklagte in der Folgezeit auf der Grundlage von § 4 der Verordnung über Allgemeine Bedingungen für die Gasversorgung von Tarifkunden (AVBGasV vom 21. Juni 1979, BGBl. I S. 676), die auf den Streitfall noch Anwendung findet, einseitig Preiserhöhungen vorgenommen hat, hat der Kläger bis zum Ende des Jahres 2004 die auf diesen (erhöhten) Tarifen basierenden Jahresrechnungen* ***unbeanstandet hingenommen****. Indem er weiterhin Gas bezogen hat, ohne in angemessener Zeit eine Überprüfung der Billigkeit etwaiger Preiserhöhungen nach § 315 BGB zu verlangen, ist auch über von der Beklagten bis zum 31. Dezember 2004 geforderte – gegenüber dem bei Vertragsschluss geltenden allgemeinen Tarif erhöhte – Preise* ***konkludent*** *(vgl. § 2 Abs. 1 Satz 2 und Abs. 2 AVBGasV) eine* ***vertragliche Einigung*** *der Parteien zustande gekommen (vgl. BGHZ 172, 315, Tz. 36)."* [Hervorhebungen nicht im Original]

Im Ergebnis ist daher eine Überprüfung nach § 315 BGB nicht möglich bei
- anfänglich vereinbarten, bestimmten Preisen,
- anfänglich vereinbarten Preisgleitklauseln oder Kostenelementsklauseln sowie
- durch weitere Inanspruchnahme konkludent gebilligten Preisen.

91 *BGH*, Urteil vom 11. Oktober 2006, VIII ZR 270/05, NJW 2007, 210 Rn. 19.

92 *OLG Koblenz*, Urteil vom 12. Februar 2009, U 781/08 Kart, veröffentlicht bei juris Rn. 46 m. w. N.; *BGH*, Urteil vom 13. Juni 2007, VIII ZR 36/06, NJW 2007, 2540, 2544.

93 *BGH*, Urteil vom 19. November 2008, VIII ZR 138/07, NJW 2009, 502 Rn. 16.

Fehlt es an einer ausdrücklichen oder stillschweigenden Abrede über ein einseitiges Leistungsbestimmungsrecht bzw. über das Entgelt, so kann das Leistungsbestimmungsrecht im Wege der Auslegung zu ermitteln sein.[94] Voraussetzung ist, dass sich die Vertragsparteien einerseits erkennbar vertraglich binden wollen, andererseits sich jedoch über einen Punkt nicht einigen.[95] Zudem darf diese vertragliche Lücke nicht bereits durch dispositives Gesetzesrecht gefüllt werden können.[96] Die Annahme eines Leistungsbestimmungsrechts im Wege der Auslegung ist zudem nach Ansicht der Rechtsprechung bereits möglich, wenn die Abgeltung durch ein einseitig bestimmtes Entgelt üblich ist und den Interessen beider Parteien besser gerecht wird als die Abwicklung über Bereicherungsrecht.[97]

Hauptanwendungsgebiet der ergänzenden Vertragsauslegung sind in dem vorliegenden Zusammenhang die sog. Interimsverhältnisse. Dabei handelt es sich um Fälle, bei denen ein gekündigter Versorgungsvertrag ohne erneute vertragliche Einigung weitergeführt wird oder ein Sonderkunde ohne eine schuldrechtliche Einigung beliefert wird.[98] In solchen Fällen ist nicht anzunehmen, dass die Parteien in einem vertragslosen Zustand bleiben wollen, d. h. die von ihnen erbrachten und zu erbringenden Leistungen nur nach den Bereichungsvorschriften beurteilen wollen. Diese wären für die Abwicklung der von beiden Parteien gewollten und faktisch bereits bestehenden Dauerbeziehung ungeeignet. Vielmehr ist regelmäßig davon auszugehen, dass ein Sonderabnahmevertrag zustande gekommen und das Versorgungsunternehmen in entsprechender Anwendung der §§ 315, 316 BGB berechtigt ist, nach billigem Ermessen die Höhe des Strompreises zu bestimmen.[99]

In der Entscheidung "Stromnetznutzungsentgelt II" hat der Kartellsenat des BGH in einem Fall, in dem von Anfang an keine Einigung über das Entgelt oder über ein Leistungsbestimmungsrecht zustande kam (sog. faktisches Lieferverhältnis), entschieden:[100]

> *"[...] Auch im Streitfall hat die Klägerin ein Preisbestimmungsrecht der Beklagten nicht grundsätzlich abgelehnt, sondern lediglich die Angemessenheit der konkret verlangten Entgelte in Zweifel gezogen. Bei dieser Sachlage ist die **Lücke, die der Vertrag hinsichtlich der Regelung des Netznutzungsentgelts aufweist, durch die Anwendung des § 315 BGB zu schließen**. Ein Preisbestimmungsrecht der Be-*

94 Vgl. bspw. *BGH*, Urteil vom 2. April 1964, KZR 10/62, BGHZ 41, 271 Rn. 8 – *Werkmilchabzug*; *BGH*, Urteil vom 24. Januar 2008, III ZR 79/07, NJW-RR 2008, 562 Rn. 15.

95 *BGH*, Urteil vom 2. April 1964, KZR 10/62, BGHZ 41, 271 Rn. 8 – *Werkmilchabzug*.

96 *BGH*, Urteil vom 24. Januar 2008, III ZR 79/07, NJW-RR 2008, 562 Rn. 14.

97 *BGH*, Urteil vom 19. Januar 1983, VIII ZR 81/82, NJW 1983, 1777 Rn. 13; ähnlich *BGH*, Urteil vom 7. Februar 2006, KZR 8/05, NJW-RR 2006, 915 Rn. 12 – *Stromnetznutzungsentgelt II*.

98 Vgl. dazu *Büdenbender*, Zulässigkeit der Preiskontrolle von Fernwärmeversorgungsverträgen nach § 315 BGB, S. 28 ff.

99 *BGH*, Urteil vom 19. Januar 1983, VIII ZR 81/82, NJW 1983, 1777 Rn. 13.

100 *BGH*, Urteil vom 7. Februar 2006, KZR 8/05, NJW-RR 2006, 915 Rn. 12 – *Stromnetznutzungsentgelt II*. Gleichlautend mit Urteil vom gleichen Tag auch *BGH*, Urteil vom 7. Februar 2006, KZR 9/05, N&R 2006, 123 Rn. 12.

klagten nach dieser Vorschrift entspricht dem beiderseitigen Parteiinteresse und mutmaßlichen Willen und kann daher als das hierzu am besten geeignete gesetzliche Regelungsmodell zur Ausfüllung der Lücke dienen, die der Vertrag hinsichtlich der Regelung des Netznutzungsentgelts aufweist (vgl. BGHZ 41, 271, 276 – Werkmilchabzug; BGH, Urt. v. 19.1.1983 – VIII ZR 81/82, NJW 1983, 1777)." [Hervorhebungen nicht im Original]

Der Sache nach wendet der BGH in diesen Fällen die Rechtsfigur der "protestatio facto contraria" an, nach der auch dann ein wirksamer Vertragsschluss – durch Realofferte und tatsächliche Inanspruchnahme – zustande kommt, wenn die Partei, die die Leistung in Anspruch nimmt, ausdrücklich erklärt, keinen Vertrag schließen zu wollen.[101] Nach Ansicht des BGH gilt diese Rechtsfigur insbesondere im Bereich des Massenverkehrs und der unmittelbaren Daseinsvorsorge, zu der er auch die Versorgungsverträge über die Entnahme von Elektrizität, Gas, Wasser oder Fernwärme zählt.[102] Es ist daher fraglich, inwieweit der BGH diese Grundsätze zur ergänzenden bzw. extensiven Auslegung auch außerhalb der unmittelbaren Daseinsvorsorge heranziehen würde.

2.3 Gesetzliches Leistungsbestimmungsrecht

In Rechtsprechung und Literatur ist anerkannt, dass ein einseitiges Leistungsbestimmungsrecht auch durch Gesetz eingeräumt werden kann.[103]

a) Ausdrücklicher Verweis auf billiges Ermessen

Ein gesetzliches Leistungsbestimmungsrecht liegt vor, wenn § 315 BGB im Gesetz ausdrücklich für anwendbar erklärt wird, indem auf billiges Ermessen verwiesen wird.[104] Gleiches gilt für Normen, die entweder ausdrücklich anordnen, dass der jeweilige Bestimmungsberechtigte das Entgelt einseitig "festsetzen" (§ 12 Abs. 3 ArbNErfG,[105] § 10 S. 1 SchiedsamtsVO)[106] oder die jeweiligen "privatrechtliche[n] Entgelte erheben" (Art. 4 Abs. 1 S. 2 Hs. 2 AGTierKBG BY)[107] kann.

101 *Ellenberger*, in: Palandt, BGB, Einführung vor § 145 Rn. 26.

102 *BGH*, Urteil vom 17. März 2004, VIII ZR 95/03, NJW-RR 2004, 928 Rn. 10.

103 Vgl. bspw. *BGH*, Urteil vom 17. Mai 1994, X ZR 82/92, BGHZ 126, 109 Rn. 43; *BGH*, Urteil vom 13. Juni 2007, VIII RZ 36/06, NJW 2007, 2540 Rn. 14; *BGH*, Urteil vom 4. März 2008, KZR 29/06, NJW 2008, 2175 Rn. 18 f. – *Stromnetznutzungsentgelt III*. Aus der Literatur vgl. *Grüneberg*, in: Palandt, BGB, § 315 Rn. 4; *Hager*, in: Erman, BGB, § 315 Rn. 10 m. w. N.

104 Vgl. etwa § 14 Abs. 1 S. 1 RVG (Rechtsanwaltsgebühren), § 660 Abs. 1 S. 1 BGB (Auslobung), § 1024 BGB (Grunddienstbarkeiten), § 1246 Abs. 1 BGB (Pfandverkauf), § 2156 S. 1 BGB (Zweckvermächtnis), § 5 Abs. 2 S. 2 GOÄ (Arztgebühren), § 9 a Abs. 1 S. 1 ErbbauRG (Erbbauzinsen), § 16 Abs. 1 BetrAVG (Betriebsrenten).

105 *BGH*, Urteil vom 17. Mai 1994, X ZR 82/92, BGHZ 126, 109 Rn. 43.

106 *BSG*, Beschluss vom 27. Juni 2001, B 6 KA 86/00 B, veröffentlicht bei juris Rn. 7.

107 *BayObLG*, Beschluss vom 20. Dezember 2001, 5Z RR 398/01, NVwZ-RR 2002, 276 Rn. 7.

Zu Fällen gesetzlicher Leistungsbestimmungsrechte, in denen die bestimmungsberechtigte Partei ein "privatrechtliche[s] Entgelt erheben" kann, schreibt das BSG:[108]

> *"Immer dann aber, wenn eine Anspruchsgrundlage – wie hier – Einzelheiten über den* ***Umfang einer bestimmten Leistung oder Gegenleistung nicht regelt****, bestimmt sich deren Inhalt, wie aus § 315 Bürgerliches Gesetzbuch (BGB) folgt, nach billigem Ermessen. § 315 BGB ist auch heranzuziehen, wenn ein* ***Gesetz*** *einem Beteiligten ein* ***nicht näher konkretisiertes Bestimmungsrecht*** *zuweist [...]."* [Hervorhebungen nicht im Original]

Nach der Rechtsprechung sind folglich Normen, die die einseitige Festsetzung von Entgelten vorsehen, so zu verstehen, dass diese Festsetzung nur dann verbindlich ist, wenn sie der Billigkeit entspricht. Dabei greift sie auf die Zweifelsfallregelung des § 315 BGB zurück. Voraussetzung ist allerdings, dass sie ausdrücklich einer Partei ein Recht zur Leistungsbestimmung zuweisen und die Einzelheiten über den Umfang einer bestimmten Leistung oder Gegenleistung offen lassen.

b) Ableitung aus Diskriminierungsverbot?

Der BGH hat gesetzliche Leistungsbestimmungsrechte vereinzelt aus Normen abgeleitet, denen nicht ohne Weiteres zu entnehmen ist, dass eine Partei einseitig die Preise festsetzen bzw. ändern darf. Dazu zählen insbesondere § 10 Abs. 1 EnWG 1998 bzw. § 4 Abs. 1, 2 AVBEltV, § 4 Abs. 1, 2 AVBGasV für Energieversorger[109] und § 6 Abs. 1 EnWG 1998 für Netzbetreiber.[110] Sprechen § 4 AVBEltV oder § 4 AVBGasV bzw. § 5 StromGVV oder § 5 GasGVV und § 10 EnWG 1998 zumindest noch von einer öffentlichen Bekanntmachungspflicht von Tarifänderungen, ohne allerdings Vorgaben zu den Tarifänderungen selbst zu machen, enthält § 6 Abs. 1 S. 1 EnWG lediglich ein sondergesetzliches Diskriminierungsverbot im Rahmen des verhandelten Netzzugangs. Anders als bei den vorgenannten Normen ist bei § 6 Abs. 1 S. 1 EnWG 1998 ausdrücklich weder von Preisanpassungen noch von Preiserhöhungen die Rede. Die Ableitung eines gesetzlichen Leistungsbestimmungsrechts aus einem solchen bloßen Diskriminierungsverbot sieht sich deshalb auch erheblicher Kritik ausgesetzt.[111]

Der BGH begründet seine Ansicht damit, dass der jeweilige Netzbetreiber nach § 6 Abs. 1 EnWG 1998 gehalten ist, nach Art eines Tarifs allgemeine Preise zu bilden, die den in vergleichbaren Fällen tatsächlich oder kalkulatorisch angesetzten internen Leistungsentgelten entsprechen und in den Verträgen mit externen Netznutzern nur

108 *BSG*, Beschluss vom 27. Juni 2001, B 6 KA 86/00 B, veröffentlicht bei juris Rn. 7.

109 *BGH*, Urteil vom 13. Juni 2007, VIII ZR 36/06, NJW 2007, 2540; *BGH*, Urteil vom 4. März 2008, KZR 29/06, NJW 2008, 2175 Rn. 20 – *Stromnetznutzungsentgelt III*.

110 BGH, Urteil vom 4. März 2008, KZR 29/06, NJW 2008, 2175 Rn. 19 – *Stromnetznutzungsentgelt III*.

111 Siehe *Böcker*, ZWeR 2009, 105, 111 f.; *Linsmeier*, NJW 2008, 2162, 2164. Kritisch auch *Markert*, RdE 2008, 176, 177.

unter-, aber nicht überschritten werden dürfen.[112] Damit sei dem Netzbetreiber, der allein über die für die Bestimmung des zulässigen Preises erforderlichen tatsächlichen Kenntnisse verfüge, das Recht gegeben, allgemeine Entgelte für die Netznutzung zu bilden.[113]

Diese Begründung ist erkennbar von dem Bemühen getrieben, die fehlende Sachverhaltsaufklärung der unteren Instanzen wett zu machen.[114] Ohne die Anerkennung eines gesetzlichen Leistungsbestimmungsrechts hätte sich der Kartellsenat im betreffenden Fall außerstande gesehen, in dem zugrunde liegenden Netznutzungsvertrag mit dem Zedenten ein Leistungsbestimmungsrecht zu sehen. Aus diesem Grund musste der Kartellsenat erstmals aus einem bloßen Diskriminierungsverbot systemwidrig ein gesetzliches Leistungsbestimmungsrecht ableiten. Bloße Diskriminierungsverbote verleihen den Adressaten nicht die Möglichkeit, kraft Gesetzes einseitig Preise zu ändern. Sie enthalten lediglich die nachgelagerte Verpflichtung, bei Ausübung der ihnen zustehenden Befugnisse nicht ohne sachliche Rechtfertigung zwischen verschiedenen Zugangsberechtigten zu unterscheiden.

Die Ableitung eines gesetzlichen Leistungsbestimmungsrechts aus einem bloßen Diskriminierungsverbot unter Berufung auf die Entscheidung "Stromnetznutzungsentgelt III" des Kartellsenats ist folglich abzulehnen. Gesetzliche Leistungsbestimmungsrechte mit der Folge der direkten Anwendbarkeit des § 315 BGB können nur dann angenommen werden, wenn der Gesetzgeber ausdrücklich einer Vertragspartei das Recht eingeräumt hat, ein Entgelt festzusetzen, oder wenn zumindest von Tarifänderungen oder Tariferhöhungen die Rede ist, ohne dass dort Maßstäbe für deren Inhalt und Umfang geregelt wären. Dagegen kann nicht aus jedem sondergesetzlichen Diskriminierungsverbot ein gesetzliches Leistungsbestimmungsrecht mit der Folge einer Billigkeits- oder sogar Inhaltskontrolle gemäß § 315 BGB abgeleitet werden.

3. *Analoge Anwendbarkeit des § 315 BGB nach den Kriterien der Monopolrechtsprechung*

Nach den allgemein anerkannten Regeln der juristischen Methodenlehre müssen für eine analoge[115] Anwendung kumulativ zwei Voraussetzungen vorliegen: eine plan-

112 *BGH*, Urteil vom 4. März 2008, KZR 29/06, NJW 2008, 2175 Rn. 19 f. – *Stromnetznutzungsentgelt III.*

113 *BGH*, Urteil vom 4. März 2008, KZR 29/06, NJW 2008, 2175 Rn. 19 f. – *Stromnetznutzungsentgelt III.*

114 In den dieser Entscheidung zugrunde liegenden Netznutzungsverträgen war "ein Netznutzungsentgelt nach dem Preisblatt gem. Anlage 3" vereinbart. Dies alleine reichte dem Kartellsenat aber zur Feststellung eines vertraglichen Leistungsbestimmungsrechts nicht aus. Vielmehr hätte das Berufungsgericht weitere Ermittlungen aufnehmen und ein vertragliches Leistungsbestimmungsrecht ausdrücklich feststellen müssen, vgl. *BGH*, Urteil vom 4. März 2008, KZR 29/06, NJW 2008, 2175 Rn. 18 – *Stromnetznutzungsentgelt III.*

115 Unter Analogie versteht man dabei die Übertragung der für einen oder mehrere bestimmte Tatbestände im Gesetz vorgesehenen Regel auf einen anderen, aber rechtsähnlichen Tatbestand. Man unterscheidet die Einzelanalogie, bei der die Rechtsfolge einer Norm auf einen vergleichbaren Fall übertragen wird, von der Rechtsanalogie, bei der aus mehreren Rechtssätzen ein

widrige Regelungslücke und eine vergleichbare Interessenlage.[116] Die grundsätzliche Analogiefähigkeit des § 315 BGB wird nur noch vereinzelt bestritten.[117] Daher findet § 315 BGB auch auf sog. faktische Leistungsbestimmungsrechte Anwendung, soweit die Voraussetzungen der Analogie erfüllt sind.

Im Bereich des § 315 BGB hat sich über Jahrzehnte eine ständige Rechtsprechung entwickelt, nach der die Tarife von Unternehmen, die – im Rahmen eines privatrechtlich ausgestalteten Benutzungsverhältnisses – Leistungen der Daseinsvorsorge anbieten, auf deren Inanspruchnahme der andere Vertragsteil im Bedarfsfall angewiesen ist, grundsätzlich der Billigkeitskontrolle nach § 315 BGB unterworfen sind (im Folgenden: "Monopolrechtsprechung").[118] Allerdings sind bei Entwicklung der Monopolrechtsprechung die in der juristischen Methodenlehre anerkannten Analogievoraussetzungen nie im Einzelnen geprüft worden. Sind die durch die Monopolrechtsprechung aufgestellten Voraussetzungen erfüllt, wird stattdessen lediglich auf die ständige Rechtsprechung verwiesen. Daher sollen im Folgenden Entwicklung, Voraussetzungen und Folgen der Monopolrechtsprechung skizziert werden.[119]

3.1 Entwicklung der Monopolrechtsprechung

Ausgangspunkt der Monopolrechtsprechung im Bereich der Daseinsvorsorge ist die Entscheidung "Krankenhauspflegesätze" vom 19. Dezember 1978.[120] Darin stellte der BGH fest, dass die Tarife von Unternehmen, die Leistungen der Daseinsvorsorge anbieten, auf deren Inanspruchnahme der andere Vertragsteil im Bedarfsfalle angewiesen

übergeordnetes Prinzip herausgearbeitet und sodann auf ähnlich gelagerte Fälle angewendet wird, vgl. *Heinrichs*, in: Palandt, BGB, Einleitung Rn. 48.

116 Vgl. bspw. *BGH*, Urteil vom 13. März 2003, I ZR 290/00, NJW 2003, 1932 Rn. 24 – *Abonnementvertrag* m. w. N.; ebenso *BGH*, Urteil vom 14. Dezember 2006, IX ZR 92/05, NJW 2007, 992 Rn. 15.

117 So aber *Rieble*, in: Staudinger, BGB (2004), § 315 Rn. 46 ff. Nach Ansicht von *Rieble* geht jede analoge Anwendung von § 315 BGB daran vorbei, dass die Norm – anders als bspw. § 16 BetrAVG – keine Zwangsschlichtung zum Gegenstand hat. Analogiefähig in diesem Sinne seien allenfalls Normen, die eine Leistungsbestimmung kraft Gesetzes gegen den Parteiwillen vorsehen.

118 Gelegentlich wird mit dem Begriff der "alten Monopolrechtsprechung" lediglich die Rechtsprechung zu § 138 BGB bezeichnet, vgl. bspw. *Böcker*, ZWeR 2009, 110. In der Rechtsprechung des BGH (Kartellsenat und VIII. Zivilsenat) scheint sich allerdings auch für die Rechtsprechung zu § 315 BGB mit den Kriterien des Angewiesenseins (Monopol oder Anschluss- und Benutzungszwang) und der Daseinsvorsorge die – zugegebenermaßen etwas ungenaue – Bezeichnung "Monopolrechtsprechung" durchgesetzt zu haben, vgl. *BGH*, Teilurteil vom 29. April 2008, KZR 2/07, BGHZ 176, 244 Rn. 12 – *Erdgassondervertrag*; *BGH*, Urteil vom 19. November 2008, VIII ZR 138/07, NJW 2009, 502 Rn. 18. Daher wird auch hier im Folgenden von der ständigen "Monopolrechtsprechung" im Rahmen des § 315 BGB gesprochen.

119 Für eine Zusammenfassung der Monopolrechtsprechung im Bereich von Energieversorgungsverträgen vgl. *Büdenbender*, Zulässigkeit der Preiskontrolle von Fernwärmeversorgungsverträgen nach § 315 BGB, S. 23 ff; in Bezug auf den Eisenbahnsektor *Bredt*, N&R 2009, S. 235, 239.

120 *BGH*, Urteil vom 19. Dezember 1978, VI ZR 43/77, BGHZ 73, 114.

ist, grundsätzlich der Billigkeitskontrolle unterworfen sind.[121] Dies gelte insbesondere für Krankenhäuser.

Später erweiterte der BGH diese Rechtsprechung nach und nach auf die Kontrolle von Entgelten in anderen Bereichen der Daseinsvorsorge. Zu den kontrollierten Entgelten gehören Gasanschlusskosten,[122] Abwasserentgelte,[123] Abfallentsorgungsentgelte,[124] Wasseranschlusskosten[125] sowie Entgelte für Fernwärme[126] und Strom,[127] nicht aber Entgelte für Privatkliniken,[128] auf deren Leistungen ein (Privat-)Patient nicht angewiesen ist. In der Sache ebenso, aber ohne ausdrückliche Bezugnahme auf die Formel der Monopolrechtsprechung, entschied der BGH bzgl. der Flughafennutzungstarife.[129]

Seither hat sich eine derart gefestigte Rechtsprechung gebildet, dass die Anwendung des § 315 BGB auf Fälle des Angewiesenseins und der Daseinsvorsorge eine eigenständige Bezeichnung als "Monopolrechtsprechung" erhielt. Diese soll ausdrücklich nicht nur für echte oder faktische Monopole gelten, sondern auch für die Situationen des Anschluss- und Benutzungszwangs, in denen der Kunde der einseitigen Preisfestsetzung des Versorgungsunternehmens nicht durch Wahl eines anderen, konkurrierenden Anbieters entgehen kann.[130]

3.2 Kritik und aktuelle Tendenzen

Bei den von der Monopolrechtsprechung erfassten Konstellationen geht die Rechtsprechung nicht streng dogmatisch vor. So lassen die Gerichte in einigen Entscheidungen unter Berufung auf die "seit langem anerkannte höchstrichterliche Rechtsprechung" offen, ob sie § 315 BGB direkt oder analog anwenden oder ob sie eine ergänzende Vertragsauslegung oder eine extensive Anwendung vornehmen.[131] Stattdessen berufen sie sich regelmäßig ohne weitere Ausführungen auf die beiden Kriterien des

121 *BGH*, Urteil vom 19. Dezember 1978, VI ZR 43/77, BGHZ 73, 114 Rn. 35.

122 *BGH*, Urteil vom 4. Dezember 1986, VII ZR 77/86, NJW 1987, 1828 Rn. 12.

123 *BGH*, Urteil vom 10. Oktober 1991, III ZR 100/90, BGHZ 115, 311 Rn. 22. Siehe auch *BGH*, Urteil vom 30. April 2003, VIII ZR 279/02, NJW 2003, 3131.

124 *BGH*, Urteil vom 5. Juli 2005, X ZR 60/04, NJW 2005, 2919 Rn. 11.

125 *BGH*, Urteil vom 21. September 2005, VIII ZR 7/05, NJW –RR 2006, 133 Rn. 22.

126 *BGH*, Urteil vom 11. Oktober 2006, VIII ZR 270/05, NJW 2007, 210 Rn. 19. Siehe dazu bereits *BGH*, Urteil vom 28. Januar 1987, VIII ZR 37/86, NJW 1987, 1622 Rn. 32.

127 *BGH*, Urteil vom 28. März 2007, VIII ZR 144/06, NJW 2007, 1672 Rn. 17. Siehe dazu bereits *BGH*, Urteil vom 19. Januar 1983 VIII ZR 81/82, NJW 1983, 1777 Rn. 13 sowie zu Interimsverhältnissen *BGH*, Urteil vom 2. Oktober 1991, VIII ZR 240/90, NJW–RR 1992, 183 Rn. 8 und zu Tarifkunden *BGH*, Urteil vom 5. Februar 2003, VIII ZR 111/02, NJW 2003, 1449 Rn. 10.

128 *BGH*, Urteil vom 12. März 2003, IV ZR 278/01, NJW 2003, 1596 Rn. 38.

129 *BGH*, Urteil vom 17. Juni 1993, VII ZR 243/91, NVwZ 1993, 914 Rn. 10; *BGH*, Urteil vom 23. Januar 1997, III ZR 27/96, NJW-RR 1997, 1019 Rn. 13; *BGH*, Urteil vom 18. Oktober 2007, III ZR 277/06, NVwZ 2008, 110 Rn. 39.

130 *BGH*, Urteil vom 5. Juli 2005, X ZR 60/04, NJW 2005, 2919 Rn. 11.

131 Vgl. bspw. *BGH*, Urteil vom 7. Februar 2006, KZR 8/05, NJW-RR 2006, 915 Rn. 12 – *Stromnetznutzungsentgelt II*.

Angewiesenseins und der Daseinsvorsorge und übertragen diese auf den konkreten Fall.[132]

Hintergrund dieser Rechtsprechung ist, dass die Richter in bestimmten (Monopol-)Fällen ein Bedürfnis für eine Preiskontrolle und in § 315 BGB eine geeignete Legitimationsgrundlage sahen. Insoweit wäre zwar eine verschärfte Anwendung der bereits zuvor in Monopolfällen[133] herangezogenen §§ 138, 826 BGB die systematisch korrekte Lösung gewesen.[134] Den Gerichten war aber offenbar deren Eingreifschwelle zu hoch. Zudem entsprach die Rechtsfolge (Nichtigkeit) nicht den Vorstellungen einer richterlichen Preiskontrolle. Aus diesen Gründen bot sich der Rückgriff auf § 315 BGB im Wege einer richterlichen Rechtsfortbildung als Notlösung an. Er eröffnete den Gerichten (scheinbar) die Möglichkeit, nachträgliche Preisänderungen, aber auch anfängliche Preisvereinbarungen von Ver- und Entsorgungsunternehmen einer richterlichen Preiskontrolle zu unterziehen.

Die Rechtsprechung hat allerdings bei Anwendung des § 315 BGB auf die (Anfangs- oder Folge-)Preise von Ver- und Entsorgungsunternehmen nie im Einzelnen die in der juristischen Methodenlehre allgemein anerkannten Analogievoraussetzungen geprüft.[135] Vielmehr hat sie § 315 BGB lediglich unter Berufung auf eine Literaturstimme[136] zu einem Instrument der allgemeinen richterlichen Inhalts- und Preiskontrolle gemacht. Damit wurde der in seinem Anwendungsbereich sehr enge, wirtschaftlich unbedeutende § 315 BGB zu einem zentralen Instrument der Rechtsprechung, um gegen vermeintlich überhöhte Tarife von monopolistischen Ver- und Entsorgungsunternehmen vorzugehen.

Nach anerkannten Grundsätzen der juristischen Methodenlehre ist hingegen eine analoge Anwendung einer Norm an strenge Voraussetzungen geknüpft. So müssen sowohl eine planwidrige Regelungslücke als auch eine vergleichbare Interessenlage im Einzelnen nachgewiesen werden.[137] Insoweit geht der BGH üblicherweise von folgenden Grundsätzen aus:[138]

> *"Eine Analogie setzt nach gesicherter Rechtsauffassung voraus, dass das Gesetz eine **Regelungslücke** enthält und der zu beurteilende Sachverhalt in rechtlicher Hinsicht so weit mit dem Tatbestand **vergleichbar** ist, den der Gesetzgeber geregelt hat, dass angenommen werden kann, der Gesetzgeber wäre bei einer Inter-*

132 Vgl. bspw. *BGH*, Urteil vom 10. Oktober 1991, III ZR 100/90, NJW 1992, 171 Rn. 22; *BGH*, Urteil vom 2. Juli 1998, III ZR 287/97, NJW 1998, 3188 Rn. 55.

133 Vgl. *BGH*, Urteil vom 30. Oktober 1975, KZR 2/75, NJW 1976, 710 Rn. 30 – *Mehrpreis von 11 Prozent*. Dazu siehe bereits oben C.I.1.1.

134 *Rieble*, in: Staudinger, BGB (2004), § 315 Rn. 52. Eine verschärfte Anwendung von §§ 138, 826 BGB würde jedoch zunächst nur kassatorisch wirken. Allerdings gewährt § 826 BGB u. U. einen Anspruch auf Leistung zu angemessenem Entgelt, siehe dazu oben C.I.1.1.

135 Vgl. die Ausgangsentscheidungen der Monopolrechtsprechung außerhalb der Daseinsvorsorge, *RG*, Urteil vom 29. September 1925, VI 182/25, RGZ 111, 310, 313; *BGH*, Urteil vom 1. Juli 1971, KZR 16/70, BB 1971, 1175 Rn. 12; *BGH*, Urteil vom 19. Dezember 1978, VI ZR 43/77, BGHZ 73, 114 Rn. 35.

136 Vgl. *BGH*, Urteil vom 19. Dezember 1978, VI ZR 43/77, BGHZ 73, 114 Rn. 35.

137 Vgl. bspw. *BGH*, Urteil vom 13. November 2001, X ZR 134/00, BGHZ 149, 165 Rn. 35, *BGH*, Urteil vom 13. März 2003, I ZR 290/00, NJW 2003, 1932 Rn. 24 – *Abonnementvertrag* m. w. N.; ebenso *BGH*, Urteil vom 14. Dezember 2006, IX ZR 92/05, NJW 2007, 992 Rn. 15.

138 *BGH*, Urteil vom 14. Dezember 2006, IX ZR 92/05, NJW 2007, 992 Rn. 15.

*essenabwägung, bei der er sich von den gleichen Grundsätzen hätte leiten lassen wie bei dem Erlass der herangezogenen Gesetzesvorschrift, zu dem gleichen Abwägungsergebnis gekommen (vgl. BGHZ 105, 140, 143; BGH, Urt. v. 13. März 2003 – I ZR 290/00, NJW 2003, 1932, 1933; v. 16. Juli 2003 – VIII ZR 274/02, NJW 2003, 2601, 2603). Die Unvollständigkeit des Gesetzes muss "**planwidrig**" sein (vgl. auch Larenz, Methodenlehre der Rechtswissenschaft 6. Aufl. S. 373; Canaris, Die Feststellung von Lücken im Gesetz 2. Aufl. S. 37). Der dem Gesetz zugrunde liegende Regelungsplan ist aus ihm selbst im Wege der historischen und teleologischen Auslegung zu erschließen und es ist zu fragen, ob das Gesetz, gemessen an seiner eigenen Regelungsabsicht, planwidrig unvollständig ist (BGHZ 149, 165, 174). Die dem Plan des Gesetzgebers widersprechende Lücke muss dabei nicht von Erlass des Gesetzes an bestehen, sondern kann sich auch später durch eine Veränderung der Lebensverhältnisse ergeben haben (BVerfGE 82, 6, 12). Vorliegend fehlt es an einer planwidrigen Regelungslücke. Der Gesetzgeber hat sich bewusst dafür entschieden, § 1362 BGB auf nichteheliche Lebensgemeinschaften nicht auszudehnen."* [Hervorhebungen nicht im Original]

Eine analoge Anwendung setzt damit zwingend eine umfassende Prüfung voraus, ob die Kriterien für eine Analogie im Einzelfall erfüllt sind. Eine solche Prüfung ist bislang im Rahmen der Monopolrechtsprechung nicht erfolgt. Sie ist aber erst recht erforderlich, wenn eine bislang nicht im Einzelnen überprüfte Analogie auf weitere, neue Fallgruppen ausgedehnt werden soll. Insoweit hat der BGH in seiner jüngsten Entscheidung vom 19. November 2008 zu Recht entschieden, dass die Monopolrechtsprechung nicht unbesehen auf Gaspreise übertragen werden darf, sondern dass im Einzelfall u. a. auch die Intention des Gesetzgebers zu berücksichtigen ist.[139]

Außerdem darf die analoge Anwendung von § 315 BGB nach allgemein anerkannten Grundsätzen nur dazu führen, dass die Rechtsfolgen dieser Norm auf einen vergleichbaren Sachverhalt übertragen werden. Rechtsfolge des § 315 ist die richterliche Billigkeitskontrolle, d. h. die Überprüfung, ob sich die Bestimmung des Bestimmungsberechtigten noch im Rahmen des ihm eingeräumten Gestaltungsspielraums bewegt.[140] Erst bei Überschreiten dieses Gestaltungsspielraums ist die Bestimmung durch die Entscheidung des Gerichts zu ersetzen, nicht aber bereits dann, wenn das Gericht eine andere Festsetzung für gerecht oder angemessen hält.[141] Im Gegensatz zu diesen in der Rechtsprechung anerkannten Grundsätzen wird das Instrument der analogen Anwendung von Seiten der (Monopol-) Rechtsprechung genutzt, um eine richterliche Vertrags-[142] bzw. Preiskontrolle zur Ermittlung eines gerechten Preises ("*iustum pretium*"), und damit eine von § 315 BGB eigentlich nicht vorgesehene Rechtsfolge, vorzunehmen.

139 *BGH*, Urteil vom 19. November 2008, VIII ZR 138/07, NJW 2009, 502 Rn. 18 ff. Ebenso *BGH*, Urteil vom 8. Juli 2009, VIII ZR 314/07, NJW 2009, 2894.

140 *BGH*, Urteil vom 18. März 1964, V ZR 44/62, BGHZ 41, 270; *BGH*, Urteil vom 4. April 2006, X ZR 80/05, NJW-RR 2007, 56.

141 *BGH*, Urteil vom 24. Juni 1991, II ZR 268/90, NJW-RR 1991, 1248; *BGH*, Urteil vom 19. Mai 2005, I ZR 299/02, BGHZ 163, 119 – *PRO-Verfahren*; *BGH*, Urteil vom 4. April 2006, X ZR 80/05, NJW-RR 2007, 56.

142 Dazu: *Fastrich*, Richterliche Inhaltskontrolle im Privatrecht, 1992, S. 14 ff.

Schließlich steht die als richterliche "Vertragshilfe" oder "Zwangsschlichtung" empfundene Fortentwicklung des § 315 BGB durch die Monopolrechtsprechung auch in materieller Hinsicht in der Kritik.[143] So setzt sich die Monopolrechtsprechung mit Anwendung des § 315 BGB auf anfänglich vereinbarte Preise über das Prinzip der Privatautonomie, mithin über das gesetzlich anerkannte und auch § 315 BGB zugrunde liegende Primat des Vertrages hinweg.

Diese Argumente haben die Rechtsprechung jedoch nicht dazu bewogen, die Monopolrechtsprechung aufzugeben. In der jüngeren und jüngsten Rechtsprechung sind allerdings zwei Argumentationsstränge erkennbar, die den Anwendungsbereich der Monopolrechtsprechung zu beschränken versuchen. So setzt auch die analoge Anwendung des § 315 BGB voraus, dass dem Bestimmungsberechtigten ein gewisser Ermessensspielraum zusteht.[144] Ein solcher Ermessensspielraum fehlt nach höchstrichterlicher Rechtsprechung, wenn die Tarife öffentlich-rechtlich genehmigt werden und aufgrund dieser Genehmigung von diesen Tarifen weder nach oben noch nach unten abgewichen werden darf.[145] Der Sache nach liegt in einer solchen Genehmigung eine öffentlich-rechtliche Tariffestsetzung, die keiner zivilgerichtlichen Kontrolle nach § 315 BGB unterliegt.[146] Insoweit entfällt infolge der behördlichen Entscheidung jegliche Schutzbedürftigkeit der auf die Leistung des Netzbetreibers angewiesenen Partei. Anders liegt es in Fällen, in denen eine Genehmigung für die rechtsgestaltende Leistungsbestimmung einen nach billigem Ermessen auszufüllenden Spielraum lässt.[147] In diesen Fällen ist eine gerichtliche Billigkeitskontrolle nach § 315 BGB auch dann nicht ausgeschlossen, wenn bei der Bestimmung der Tarife und Entgelte öffentlich-rechtliche Vorgaben zu beachten sind.[148]

Der BGH hat mit Entscheidung vom 19. November 2008 zudem klargestellt, dass für eine Anwendung der Monopolrechtsprechung kein Raum ist, wenn dies der erkennbaren Intention des Gesetzgebers zuwider läuft.[149] Der Gesetzgeber habe eine staatliche Prüfung und Genehmigung der Gastarife wiederholt als systemwidrig abgelehnt. Diese gesetzgeberische Entscheidung dürfe nicht durch eine Billigkeitskontrolle von anfänglich zwischen den Parteien vereinbarten Gaspreisen nach § 315 BGB umgangen werden. Mit dem Verweis auf die entgegenstehende Intention des Gesetzgebers verneint der BGH in der Sache das Vorliegen einer *planwidrigen* Regelungslücke und damit eine zwingende Voraussetzung der Analogie.

Eine die analoge Anwendung von § 315 BGB ausschließende planwidrige Regelungslücke fehlt nicht nur dann, wenn der Gesetzgeber eine staatliche Prüfung und Genehmigung von Preisen abgelehnt, sondern erst recht, wenn er für diesen Zweck ein

143 Siehe insbesondere *Rieble*, in: Staudinger, BGB (2004), § 315 Rn. 44 ff.

144 So im Bereich der Stationspreise jüngst *LG Berlin*, Urteil vom 17. März 2009, 98 O 25/08, WuW/E DE-R 2561 m. w. N.

145 So *BGH*, Urteil vom 2. Juli 1998, III ZR 287/97, NJW 1998, 3188 Rn. 55 ff.; *BGH*, Urteil vom 24. Mai 2007, III ZR 467/04, NJW 2007, 3344 Rn. 13 ff., beide im Bereich der Telekommunikationstarife.

146 Vgl. *BGH*, Urteil vom 19. Dezember 1978, VI ZR 43/77, BGHZ 73, 114 Rn. 37; *OLG Frankfurt*, Urteil vom 24. Mai 2006, 4 U 94/02, OLGR Frankfurt 2006, 1091 Rn. 14.

147 *BGH*, Urteil vom 18. Oktober 2007, III ZR 277/06, NVwZ 2008, 110 Rn. 20.

148 *BGH*, Urteil vom 10. Oktober 1991, III ZR 100/90, BGHZ 115, 311 Rn. 25.

149 *BGH*, Urteil vom 19. November 2008, VIII ZR 138/07, NJW 2009, 502 Rn. 18 ff.

besonderes vorrangiges Verfahren geschaffen hat (wie § 14f AEG im Bereich der Trassenpreise, siehe dazu unten C.III.2.1.b).

3.3 Zwischenergebnis

Zusammenfassend lässt sich feststellen, dass trotz der Kritik der Literatur die höchstrichterliche Rechtsprechung § 315 BGB derzeit nach wie vor auf Fälle anwendet, in denen kumulativ die Voraussetzungen des Angewiesenseins (Monopol oder Anschluss- und Benutzungszwang) und der Daseinsvorsorge erfüllt sind und in denen den faktisch Bestimmungsberechtigten ein gewisser Ermessensspielraum zukommt. Fällt ein Sachverhalt unter die Kriterien der Monopolrechtsprechung, so wird von den Gerichten nicht mehr geprüft, ob die Voraussetzungen einer Analogie im Einzelnen vorliegen. Vielmehr begnügen sich die Gerichte mit einem bloßen Verweis auf die ständige Rechtsprechung, um die Entgelte der Versorgungsunternehmen nach § 315 BGB auf ihre Billigkeit zu untersuchen. Zu den überprüfbaren Entgelten gehören dann grundsätzlich auch etwaige vertraglich vereinbarte Anfangspreise.

Fehlt aber auch nur eines dieser Kriterien, so ist die Monopolrechtsprechung nicht mehr anwendbar.[150] Daher müssen in diesem Fall die Kriterien für eine analoge Heranziehung unter Berücksichtigung der allgemein anerkannten Vorgaben der juristischen Methodenlehre im Einzelnen geprüft werden – genauso wie bei der Übertragung der Monopolrechtsprechung auf bisher nicht davon erfasste Fallgruppen. Zudem bestehen, wie gezeigt, in der jüngsten Rechtsprechung Tendenzen, die Monopolrechtsprechung einzuschränken und verstärkt die Intention des Gesetzgebers zu berücksichtigen.[151] Der Sache nach ist dies nichts anderes, als für die Anwendung der Monopolrechtsprechung den Nachweis der Voraussetzungen für eine Analogie – hier: der planwidrigen Regelungslücke – zu verlangen.

III. Anwendbarkeit des § 315 BGB im Bereich der Trassenpreise

Zu untersuchen ist, ob § 315 BGB direkt (dazu siehe 1) oder analog (dazu siehe 2) auf die Trassenpreise der DB Netz AG anwendbar ist. Dabei ist die bislang ergangene, untergerichtliche[152] Rechtsprechung zur Anwendbarkeit des § 315 BGB im Bereich

150 So der VIII. Zivilsenat in *BGH*, 28. März 2007, VIII ZR 144/06, NJW 2007, 1672 Rn. 17; *BGH*, Urteil vom 13. Juni 2007, VIII ZR 36/06, NJW 2007, 2540 Rn. 34; *BGH*, Urteil vom 19. November 2008, VIII ZR 138/07, NJW 2009, 502 Rn. 17 ff. in Bezug auf die liberalisierten Strom- und Gasmärkte.

151 *BGH*, Urteil vom 19. November 2008, VIII ZR 138/07, NJW 2009, 502 Rn. 18 ff.

152 **Seit 2009:** *OLG Düsseldorf*, Urteil vom 14. Oktober 2009, VI-U (Kart) 4/09; *LG Düsseldorf*, Urteil vom 25. August 2009, 14 c O 104/08; *LG Berlin*, Urteil vom 23. Juli 2009, 104 O 95/08; *LG Frankfurt*, Urteil vom 29. Mai 2009, 3/12 O 178/08; *LG Berlin*, Urteil vom 14. Mai 2009, 93 O 47/08 mit Anmerkung *Makatsch*, LG Berlin: Vorrang des Eisenbahnrechts vor Kartellrecht und Billigkeitskontrolle nach § 315 III BGB, in IR 2009, 162 f.; *KG Berlin*, Urteil vom 9. April 2009, 19 U 21/08, S. 12 f. mit Anmerkung *Bredt/Faßbender*, IR 2009, 142 f.; *LG Düsseldorf*,

der Trassenpreise heranzuziehen und zu würdigen. Außerdem ist zu untersuchen, inwieweit eine unmodifizierte Übertragung der Rechtsprechung zur direkten bzw. analogen Anwendung des § 315 BGB auf den Eisenbahnsektor in Betracht kommt. Insbesondere im Rahmen einer analogen Anwendung ist dabei zu berücksichtigen, dass sich das regulatorische Umfeld des Eisenbahnsektors mit Neufassung der §§ 14 ff. AEG durch das Dritte Änderungsgesetz vom 27. April 2005[153] und durch den Erlass der neuen EIBV 2005 wesentlich geändert hat. Die daraus ersichtliche gesetzgeberische Intention muss sowohl in die Bewertung der Übertragbarkeit der Monopolrechtsprechung auf neue Wirtschaftszweige als auch in die Bewertung eines allgemeinen Analogieschlusses einfließen.

1. Direkte Anwendbarkeit des § 315 BGB

Die direkte Anwendung des § 315 BGB auf die Trassenpreise der DB Netz AG wäre möglich, wenn die zwischen der DB Netz AG und den EVU geschlossenen Verträge einseitige Leistungsbestimmungsrechte zugunsten der DB Netz AG begründen würden und die DB Netz AG bei Bestimmung der Trassenpreise in Ausübung dieser einseitigen Leistungsbestimmungsrechte handeln würde (dazu siehe 1.1). Eine direkte Anwendung des § 315 BGB käme aber auch dann in Betracht, wenn sich aus den eisenbahnrechtlichen Normen ein gesetzliches Leistungsbestimmungsrecht ergäbe und dieses nicht nur zur Anwendung eigener Maßstäbe der Billigkeitskontrolle, sondern zur Anwendung des § 315 BGB führen würde (dazu siehe 1.2).

1.1 Einräumung eines vertraglichen Leistungsbestimmungsrechts

Im Fall der DB Netz AG müssen bei der Prüfung eines vertraglichen Leistungsbestimmungsrechts zwei gängige vertragliche Konstellationen unterschieden werden. Zunächst sind die Vertragskonstellationen zu behandeln, in denen zwischen der DB Netz AG und den zugangsberechtigten EVU lediglich der Grundsatz-INV und entsprechende Einzelnutzungsverträge abgeschlossen werden (dazu siehe a und b). Im Anschluss daran ist auf die vertragsrechtliche Sonderkonstellation einzugehen, in der zusätzlich ein fakultativer Rahmenvertrag nach §§ 14 a AEG, 13 EIBV abgeschlossen wird (dazu siehe c).

Urteil vom 25. März 2009, 34 O (Kart) 123/08; *LG Berlin*, Urteil vom 17. März 2009, 98 O 25/08; *LG Berlin*, Urteil vom 5. Oktober 2009, 101 O 104/08.
Vor 2009: Ablehnend zur Analogie: *LG Berlin*, Urteil vom 9. August 2005, 102 O 19/05, WuW/E DE-R 1664-1672; bejahend *LG Düsseldorf*, Urteil vom 19. Juni 2002, 340 (Kart) 108/01 Rn. 26. Zur unmittelbaren Anwendbarkeit: *OLG Düsseldorf*, Urteil vom 7. Februar 2007, VI-U (Kart) 3/06, S. 9 ff.; *LG Düsseldorf*, Urteil vom 19. Juni 2002, 340 (Kart) 108/01; *LG Leipzig*, Urteil vom 3. August 2001, 02 O 1999/01, S. 10 f.
Zudem ist beim BGH eine Nichtzulassungsbeschwerde anhängig betreffend die Revision gegen das Urteil des *KG Berlin* vom 9. April 2009, 19 U 21/08.

153 BGBl. 2005, I S. 1138. Seither gab es mehrere weitere Änderungen an den §§ 14 ff. AEG.

a) *Vertragliches Leistungsbestimmungsrecht aus Grundsatz-INV und SNB bzw. ABN?*

Zwingende Voraussetzung für die Nutzung des Schienennetzes der DB Netz AG ist der Abschluss eines Grundsatz-INV.[154] Nach § 3 Ziff. 1 des Mustervertrags vom 1. Juli 2008 hat das EVU "Entgelte entsprechend der Entgeltlisten in ihrer jeweils gültigen Fassung" zu entrichten. Eine ähnliche Formulierung treffen die nach § 1 Ziff. 2 des Mustervertrags vom 1. Juli 2008 einbezogenen SNB inkl. der in ihnen als Kapitel 8 enthaltenen ABN (Stand: 14. November 2008). Nach Ziff. 8.7.1 der ABN ist die "jeweils gültige Liste der Entgelte für Trassen" Grundlage für die Entgeltberechnung.

Mit einer ähnlich lautenden Formulierung befasste sich der BGH in seiner Entscheidung "Stromnetznutzungsentgelt I".[155] Dort hatten die Parteien Stromnetznutzungsentgelte nach der "jeweils geltenden Anlage 3" vereinbart. Bei dieser Anlage handelte es sich um ein Preisblatt, das Preise auswies, die der Netzbetreiber nach den Preisfindungsprinzipien der Verbändevereinbarung Strom II plus berechnet hatte. In einer solchen Vereinbarung sah der BGH ein vertraglich vereinbartes einseitiges Leistungsbestimmungsrecht.[156]

Teilweise haben Instanzgerichte diese Entscheidung seither auch auf den Eisenbahnsektor übertragen, d. h. § 3 Ziff. 1 des Grundsatz-INV i. V. m. Ziff. 8.7.1 der ABN als vertragliche Vereinbarung eines einseitigen Leistungsbestimmungsrechts zugunsten der DB Netz AG ausgelegt und die Entgelte der DB Netz AG demzufolge einer richterlichen Billigkeitskontrolle gemäß § 315 BGB unterworfen.[157] Eine unbesehene Übertragung der – selbst vielfach angegriffenen und mittlerweile zum Teil als überholt angesehenen[158] – Entscheidung "Stromnetznutzungsentgelt I" auf den Eisenbahnsektor lässt allerdings die Besonderheiten der Vertragsgestaltung außer acht, die der Entscheidung "Stromnetznutzungsentgelt I" zugrunde lagen und die sich in mehrfacher Hinsicht von der vertraglichen Situation der DB Netz AG unterscheiden.

Anders als im Fall der Stromnetznutzungsentgelte zwischen Netzbetreiber und Netznutzer schließt die DB Netz AG mit den EVU nicht nur einen einzigen Vertrag, aus dem sich sämtliche Rechte und Pflichten der Vertragsparteien ergeben. Zwar regeln Grundsatz-INV und SNB bzw. ABN die wesentlichen Punkte des gesamten Vertragsverhältnisses zwischen der DB Netz AG und dem jeweiligen EVU. Eine zur Zahlung verpflichtende Vereinbarung i. S. d. § 14 Abs. 6 AEG stellen jedoch erst die auf der Basis des Grundsatz-INV abzuschließenden Einzelnutzungsverträge dar. Erst diese

154 Dazu siehe bereits oben B.III.1.

155 *BGH*, Urteil vom 18. Oktober 2005, KZR 36/04, BGHZ 164, 336 – *Stromnetznutzungsentgelt I.* Teilweise abweichend *BGH*, Urteil vom 4. März 2008, KZR 29/06, NJW 2008, 2175 Rn. 18 f. – *Stromnetznutzungsentgelt III.* Vgl. dazu *Linsmeier*, NJW 2008, 2162, 2163.

156 *BGH*, Urteil vom 18. Oktober 2005, KZR 36/04, BGHZ 164, 336 Rn. 9 f. – *Stromnetznutzungsentgelt I.*

157 Vgl. *LG Berlin*, Urteil vom 21. August 2008, 91 O 95/06 Kart, N&R 2009, 70; *OLG Düsseldorf*, Urteil vom 7. Februar 2007, VI-U (Kart) 3/06, IR 2007, 91. Davor bereits *LG Düsseldorf*, Urteil vom 19. Juni 2002, 34 O (Kart) 108/01 in erster Instanz, in zweiter Instanz ausdrücklich offen gelassen von *OLG Düsseldorf*, Urteil vom 19. März 2003, VI-U (Kart) 20/02, WuW/E DE-R 1184.

158 Siehe dazu bereits oben C.II.3.2.

enthalten Bestimmungen zu den Einzelheiten des Zugangs, insbesondere zu Zeitpunkt und Dauer der Nutzung, sowie zu dem zu entrichtenden Entgelt und den sonstigen Nutzungsbedingungen einschließlich der der Betriebssicherheit dienenden Bestimmungen (§ 14 Abs. 6 AEG). Grundsatz-INV und SNB bzw. ABN stellen demgegenüber noch keine Vereinbarungen i. S. d. § 14 Abs. 6 AEG dar.

Ein Abstellen auf die in Grundsatz-INV und SNB bzw. ABN enthaltenen Entgeltregelungen kann schon aus diesem Grund nicht zu einer richterlichen Billigkeitskontrolle der Trassenpreise über § 315 BGB führen. Etwaige darin vereinbarte Leistungsbestimmungsrechte werden nicht ausgeübt und begründen folglich auch keine Zahlungsverpflichtungen. Notwendiger Zwischenschritt ist der Abschluss von Einzelnutzungsverträgen, die erst zur Zahlung verpflichtende Vereinbarungen i. S. d. § 14 Abs. 6 AEG darstellen. Obwohl der Grundsatz-INV inkl. der SNB bzw. ABN gemäß § 1 Ziff. 3 des Mustervertrags vom 1. Juli 2008 zum Bestandteil der Einzelnutzungsverträge wird, ermöglicht er dennoch im Hinblick auf die tatsächlichen Trassenpreise zu keinem Zeitpunkt eine einseitige Leistungsbestimmung seitens der DB Netz AG. Die einen Monat vor Fristbeginn gemäß § 8 Abs. 1 Nr. 2 EIBV und § 4 Abs. 1 EIBV veröffentlichten Entgelte gelten für die gesamte Fahrplanperiode und können von der DB Netz AG nicht geändert werden (§ 21 Abs. 7 EIBV). Etwaige einseitige Leistungsbestimmungsrechte aus dem Grundsatz-INV und den SNB bzw. ABN werden folglich nie ausgeübt bzw. von den vertraglichen Entgeltregelungen in den Einzelnutzungsverträgen quasi "überholt". Entscheidendes Charakteristikum der vertraglichen einseitigen Leistungsbestimmungsrechte ist gerade, dass deren Ausübung später einseitig erfolgt und die Entgelte nicht mehr Gegenstand eines weiteren Vertrags werden.

Die Annahme der Gerichte, aus § 3 Ziff. 1 des Grundsatz-INV i. V. m. Ziff. 8.7.1 der ABN könne ein einseitiges Leistungsbestimmungsrecht abgeleitet und in der Festlegung der Trassenpreise dessen Ausübung gesehen werden, ist daher unzutreffend. Die Gerichte haben verkannt, dass nach Abschluss des Grundsatz-INV inkl. der SNB bzw. ABN Einzelnutzungsverträge abgeschlossen werden, aufgrund derer erst die zur konkreten Trassennutzung berechtigenden Vereinbarungen geschlossen werden.

Zu prüfen ist allerdings, ob diese Einzelnutzungsverträge selbst wiederum eine Vereinbarung über ein vertragliches Leistungsbestimmungsrecht treffen und ob gegebenenfalls die Trassenpreise in Ausübung dieses vertraglichen Leistungsbestimmungsrechts einseitig festgesetzt werden.

b) Vertragliches Leistungsbestimmungsrecht aus Einzelnutzungsverträgen?

In den Angebotsschreiben der DB Netz AG, die zum Abschluss der Einzelnutzungsverträge führen, war bis 2009 kein Verweis auf eine Entgeltliste enthalten.[159] Im Angebotsschreiben der DB Netz AG für den Netzfahrplan 2010 waren dagegen folgende Formulierungen enthalten:[160]

159 Siehe zu dem Wortlaut der Angebotsschreiben der DB Netz AG für den Netzfahrplan 2009 bereits oben B.III.2.1.

160 Quelle: DB Netz AG.

*„Hiermit unterbreiten wir Ihnen insbesondere unter Zugrundelegung unserer '**Liste der Entgelte** der DB Netz AG 2010 für Trassen, Zusatz- und Nebenleistungen', **gültig ab 13.12.2009**, unser Trassenangebot nach Ziffer 8.2.8.2 SNB und § 11 Abs. 1 EIBV zum Abschluss von Einzelnutzungsverträgen.“* [Hervorhebungen nicht im Original]

Anders als im Fall der Stromnetznutzungsentgelte enthalten die Angebotsschreiben der DB Netz AG und folglich auch die Einzelnutzungsverträge selbst keinen Verweis auf die "jeweils gültige Preisliste".[161] Das ist bereits deshalb nicht erforderlich, weil die Einzelnutzungsverträge aufgrund gesetzlicher Verpflichtung ohnehin nur bis zum Ende der jeweiligen Netzfahrplanperiode gelten (§ 11 Abs. 2 EIBV). Sie müssen folglich jährlich neu abgeschlossen werden. Zum Zeitpunkt des jährlichen Abschlusses der Einzelnutzungsverträge stehen die Trassenpreise jedoch bereits fest und dürfen bis zum Abschluss der folgenden Einzelnutzungsverträge nicht mehr geändert werden. Insbesondere unterliegen sie auch keinem einseitigen Leistungsbestimmungsrecht der EIU mehr. Ursache dafür ist die gesetzliche Verpflichtung der EIU, ihre Entgelte vor Abschluss der Einzelnutzungsverträge zu veröffentlichen (§ 21 Abs. 7 S. 1 EIBV). Damit diese Regelung nicht leer läuft, hat der Gesetzgeber ausdrücklich in § 21 Abs. 7 S. 2 EIBV angeordnet, dass die einmal veröffentlichten Entgelte für die gesamte Netzfahrplanperiode gelten und innerhalb dieses Zeitraums von den EIU nicht mehr geändert werden können.[162]

Ein vertraglich vereinbartes einseitiges Leistungsbestimmungsrecht scheidet folglich schon deshalb aus, weil sich die Parteien bei Abschluss der Einzelnutzungsverträge auf die bereits bekannten, vorab veröffentlichten, bezifferten Entgelte einer eindeutig bestimmten Preisliste einigen.[163] Anders als bei einem Verweis auf die "jeweils gültige Preisliste" wird durch den Verweis auf eine "Liste der Entgelte [...] gültig ab 13.12.2009" gerade keine in die Zukunft gerichtete Kompetenz einer Vertragspartei geschaffen, die Entgelte einseitig und für die andere Partei verbindlich festzulegen. Die Formulierung enthält lediglich einen Verweis auf bereits veröffentlichte und genau bezifferte Entgelte.

161 Man kann das Zusammenspiel zwischen Einzelnutzungsverträgen und Grundsatz-INV inkl. SNB bzw. ABN hinsichtlich der Entgeltregelungen so charakterisieren, dass die Einzelnutzungsverträge mit Verweis auf eine bestimmte, veröffentlichte Liste der Entgelte die allgemeine Verpflichtung aus Grundsatz-INV und SNB bzw. ABN konkretisieren. Dadurch wird das zunächst der Höhe nach unbestimmte Entgelt zu einem fest bezifferten Entgelt.
Anderes gilt jedoch für die in Ziff. 8.1.6.1 der ABN in Bezug auf die Nichtnutzung von Trassen getroffene Formulierung. Dort heißt es: *"Bei Nichtnutzung von Trassen nach Abschluss des jeweiligen Einzelnutzungsvertrages wird sofort ein Entgelt bis zu vollen Höhe des jeweils vereinbarten Nutzungsentgeltes nach Maßgabe der **Liste der Entgelte** für Trassen in ihrer **jeweils gültigen Fassung** erhoben."* [Hervorhebungen nicht im Original].

162 Nichts anderes ergibt sich auch aus dem Vorbehalt bezüglich der Änderungen der Beförderungszusage (im Folgenden: "Bza") für außergewöhnliche Transporte, vgl. Ziff. 4.2.4 der SNB. Der Vorbehalt bezieht sich allein auf den Laufweg und nicht auf die Liste der Entgelte. Die nachträgliche Festsetzung eines neuen Preises ist damit nicht verbunden.

163 So nun auch jüngst *KG Berlin*, Urteil vom 9. April 2009, 19 U 21/08.

Der Sinn und Zweck eines solchen Verweises erklärt sich damit, dass es sich bei dem Abschluss von Einzelnutzungsverträgen um Massengeschäfte handelt.[164] Eine Standardisierung in Form eines Verweises auf bereits veröffentlichte, für jeden Einzelfall fest bezifferte Entgelte ist im Rahmen des an enge Fristen gebundenen Zuweisungsverfahrens unabdingbar. Der Sache nach ist dies nichts anderes als ein fest beziffertes Entgelt in dem Angebotsschreiben selbst.

An dem Charakter einer verbindlichen Abrede über das Entgelt ändert es auch nichts, dass die Preise zwar vereinbart, aber nicht im Einzelnen verhandelt sind. Nur in den seltensten Fällen eines Kaufvertrags hat der Käufer de facto die Möglichkeit, die Preisgestaltung tatsächlich zu beeinflussen und in Preisverhandlungen mit dem Verkäufer zu treten. Vielmehr machen Verkäufer in Massengeschäften stets Angebote zu festen Preisen. Dieses Festpreisangebot bleibt jedoch grundsätzlich kontrollfrei. Der Käufer kann sich privatautonom entscheiden, ob er einen Kaufvertrag zu dem ihm derart vorgegebenen Preis abschließt. Insofern zweifelt – soweit ersichtlich – niemand daran, dass es trotz des Festpreisangebots durch den Verkäufer im Vorfeld des Vertragsschlusses zu einer Einigung über den Preis kommt, die ihren Niederschlag in dem Kaufvertrag findet. Eine Grenze für diese Preisgestaltungsfreiheit findet sich im Allgemeinen in den zivil- und kartellrechtlichen Verbotsgesetzen, insbesondere in §§ 138, 826 BGB und gegebenenfalls in §§ 19, 20 GWB, die aber jeweils weitere Voraussetzungen verlangen.

Nichts anderes kann für die Einzelnutzungsverträge der DB Netz AG gelten. Zwar stellt die DB Netz AG die Preislisten im Vorfeld des Vertragsabschlusses einseitig auf. Ein Verhandlungsspielraum aufseiten der EVU besteht dabei aufgrund des eisenbahnrechtlichen Überschreitungs- (§ 14 Abs. 1 S. 1 AEG) und des kartellrechtlichen Unterschreitungsverbots (§§ 19, 20 GWB) nicht. Die in der Liste der Entgelte ausgewiesenen und vor Vertragsschluss veröffentlichten Entgelte werden Gegenstand der zeitlich später abzuschließenden Einzelnutzungsverträge. Daher gilt auch für die von EIU in Anspruch genommene Preisgestaltungsfreiheit lediglich die Grenze der zivil- und kartellrechtlichen Verbotsgesetze. § 315 BGB und die richterliche Billigkeitskontrolle sind nicht direkt anwendbar. Wird dagegen an das natürliche Monopol der DB Netz AG an ihrem Schienennetz angeknüpft und soll § 315 BGB mit dem Argument angewandt werden, eine Ausweichmöglichkeit auf andere Anbieter bestünde gerade nicht, ist möglicherweise der Bereich der analogen, nicht jedoch der direkten Anwendung des § 315 BGB eröffnet.

Auch ist die in der Rechtsprechung im Energiebereich anerkannte Unterscheidung von Anfangs- und Folgepreis nicht auf den Eisenbahnsektor übertragbar. Stromnetznutzungsverträge werden auf unbestimmte Zeit geschlossen und enthalten Klauseln, die hinsichtlich der Stromnetznutzungsentgelte auf die "jeweils gültige Preisliste" verweisen. Diese Preislisten werden während der Vertragslaufzeit seitens des Stromnetzbetreibers einseitig zu einem von ihm gewählten Zeitpunkt neu berechnet und aufgestellt. Auf die daraus resultierenden Preisänderungen haben die Stromnetznutzer keinen Einfluss. Sie können sie zum Zeitpunkt des Vertragsschlusses auch noch nicht

164 Die DB Netz AG verzeichnete im Jahr 2008 etwa 49.000 Trassenanmeldungen zum Netzfahrplan, die i. d. R. zwischen Mitte April und Anfang September zu bearbeiten sind.

abschätzen. Zum Zeitpunkt des Abschlusses des Stromnetznutzungsvertrages sind die Folgepreise noch nicht fest beziffert. Ein neuer Vertrag über die einseitig durch den Stromnetzbetreiber berechneten Preisänderungen wird gerade nicht abgeschlossen. Die Zahlungsverpflichtung beruht vielmehr auf dem ursprünglichen Stromnetznutzungsvertrag.

Eine vergleichbare vertragliche Konstellation liegt im Eisenbahnsektor nicht vor. Die Zahlungsverpflichtung der EVU resultiert jeweils erst aus den Einzelnutzungsverträgen. Zum Zeitpunkt des jährlichen Abschlusses der Einzelnutzungsverträge steht jedoch das konkret für die gesamte Fahrplanperiode zu leistende Entgelt bereits fest.[165] Insoweit unterscheidet sich die Situation hinsichtlich der in den Folgejahren abzuschließenden Einzelnutzungsverträge nicht von derjenigen im Anfangsjahr der Trassennutzung. Eine Differenzierung zwischen Anfangs- und Folgepreis ist mithin aufgrund der fehlenden Vereinbarung eines einseitigen Leistungsbestimmungsrechts und des jährlichen Abschlusses von Einzelnutzungsverträgen nicht möglich. Stattdessen ist im Bereich der Einzelnutzungsverträge stets von vereinbarten "Anfangspreisen" auszugehen. Eine direkte Anwendung von § 315 BGB auf diese "Anfangspreise" unter Berufung auf die Entscheidung "Stromnetznutzungsentgelt I"[166] ist deshalb nicht möglich.

Die Liste der Entgelte der DB Netz AG wird nicht im Wege eines Preisbestimmungsverfahrens nach Art der Verbändevereinbarung Strom II plus aufgestellt, sondern erfolgt ausschließlich unter Orientierung an den ausdifferenzierten gesetzlichen Vorgaben der §§ 14 Abs. 4 AEG, 21 ff. EIBV, die bereits feste Erlösober- und -untergrenzen vorsehen, die an den Kosten zuzüglich einer marktüblichen Rendite ausgerichtet sind.[167] Zum anderen hat nicht nur der VIII. Zivilsenat des BGH diese Rechtsprechung des Kartellsenats mehrfach ausdrücklich zurückgewiesen. Er hat eine direkte Anwendung des § 315 BGB auf feststehende Preise auch dann abgelehnt, wenn die vereinbarten Preise dem allgemeinen Tarif eines monopolistischen Anbieters entsprechen.[168] Auch der Kartellsenat selbst hat in seiner jüngsten Entscheidung „Stromnetznutzungsentgelt III“ seine ursprüngliche Rechtsprechung zur direkten Anwendung des § 315 BGB auf vertraglich vereinbarte Anfangspreise implizit aufgegeben.[169]

Folglich ist eine direkte Anwendung des § 315 BGB auf die Trassenpreise der DB Netz AG nicht möglich. Die DB Netz AG und die EVU einigen sich jährlich verbindlich auf bereits veröffentliche, bezifferte Entgelte. Damit liegt zum Zeitpunkt des Vertragsschlusses eine Individualvereinbarung über alle *essentialia negotii* vor. Für eine direkte Anwendung des § 315 BGB ist unerheblich, dass die Trassenpreise zuvor vom EIU festgelegt wurden.

165 Dazu siehe bereits oben B.III.2.

166 *BGH*, Urteil vom 18. Oktober 2005, KZR 36/04, BGHZ 164, 336 Rn. 10 – *Stromnetznutzungsentgelt I.*

167 Dazu siehe bereits oben B.II.2.2.

168 *BGH*, Urteil vom 28. März 2007, VIII ZR 144/06, NJW 2007, 1672 Rn. 11 ff.; *BGH*, Urteil vom 13. Juni 2007, VIII RZ 36/06, NJW 2007, 2540 Rn. 32; *BGH*, Urteil vom 19. November 2008, VIII ZR 138/07, NJW 2009, 502 Rn. 16.

169 Dazu siehe bereits oben C.II.2.1.

Nichts anderes gilt für den Gelegenheitsverkehr. Auch beim Gelegenheitsverkehr wird nach § 14 Abs. 1 EIBV i. V. m. § 14 Abs. 6 AEG ein Einzelnutzungsvertrag geschlossen. Der einzige Unterschied ist, dass der Einzelnutzungsvertrag im Gelegenheitsverkehr unter Verzicht auf eine schriftliche Annahme zustande kommen kann (vgl. Ziff. 4.2.2.10 der SNB). An der rechtlichen Beurteilung der Anwendbarkeit des § 315 BGB ändert sich dadurch jedoch nichts.

c) *Vertragliches Leistungsbestimmungsrecht aus Rahmenvertrag?*

EVU haben die Möglichkeit, mit der DB Netz AG Rahmenverträge i. S. d. §§ 14 a AEG, 13 EIBV abzuschließen. Machen sie von dieser Möglichkeit Gebrauch, verpflichten sie sich, zu allen Netzfahrplanperioden während der grundsätzlich fünfjährigen (§ 13 Abs. 5 EIBV) Laufzeit des Rahmenvertrages Trassen anzumelden und das auf die Anmeldung folgende Angebot der DB Netz AG anzunehmen (§ 2 Abs. 1, 4 des Muster-Rahmenvertrags der DB Netz AG vom 6. November 2008).[170] Dadurch unterwerfen sich die EVU – anders als in dem Grundsatz-INV – zu einem Zeitpunkt einer Verpflichtung zum zukünftigen Abschluss von Einzelnutzungsverträgen, in dem die Trassenpreise noch nicht veröffentlicht und der Höhe nach fest beziffert und unveränderbar sind. Infolgedessen greift zum Zeitpunkt des Abschlusses des Rahmenvertrags lediglich die – eigentlich subsidiäre – Entgeltregelung des § 3 Ziff. 1 des Grundsatz-INV i. V. m. Ziff. 8.7.1 der ABN mit ihrem Verweis auf die "jeweils gültige Liste der Entgelte für Trassen". Fraglich ist, ob darin die vertragliche Vereinbarung eines einseitigen Leistungsbestimmungsrechts mit der Folge der direkten Anwendung des § 315 BGB liegt.[171]

Aus der vertraglichen Verpflichtung zum Abschluss von Einzelnutzungsverträgen resultiert jedoch noch keine konkrete Zahlungspflicht der EVU. Eine solche entsteht erst mit Abschluss der zur Disposition der EVU und der DB Netz AG stehenden Einzelnutzungsverträge selbst. Zum Zeitpunkt der Entstehung der Zahlungspflicht liegen aber bereits veröffentlichte, bezifferte Trassenpreise vor, die von der Individualvereinbarung mit umfasst werden. Insofern gleicht die vertragliche Situation im Eisenbahnsektor auch bei Abschluss von Rahmenverträgen nicht derjenigen im Energiesektor. Dort wird regelmäßig nur ein Stromnetznutzungsvertrag geschlossen, der selbst die Zahlungsverpflichtung begründet und keinerlei weitere Vertragsabschlüsse in Zukunft mehr erforderlich macht.

Der Rahmenvertrag begründet hier dagegen lediglich einen Anspruch auf Zustimmung zu einem die Zahlungsverpflichtung erst begründenden Vertrag. Insoweit ist der Rahmenvertrag mit den gesetzlichen Regelungen vergleichbar, die ausdrücklich einen Anspruch auf Zustimmung zu einem Vertragsschluss und gerade kein einseitiges Leis-

170 Quelle: DB Netz AG. Dazu siehe bereits oben B.III.3.

171 Die Rechtsprechung hat sich bislang zu dieser Frage noch nicht geäußert. Das LG Berlin bezeichnete in seinen beiden Urteilen aus dem Jahr 2008 fälschlicherweise den Grundsatz-INV als Rahmenvertrag, vgl. *LG Berlin*, Urteil vom 21. August 2008, 91 O 95/06 Kart, N&R 2009, 70; *LG Berlin*, Urteil vom 13. August 2008, 101 O 67/07.

tungsbestimmungsrecht vorsehen (vgl. etwa §§ 558 Abs. 1, 593 Abs. 1 S. 1 BGB, 9 a Abs. 1 S. 1 ErbbauRG). Einer Anwendung von § 315 BGB auf derartige Ansprüche auf Zustimmung zu einem Vertragsschluss steht bereits entgegen, dass § 315 BGB ein einseitiges Gestaltungsrecht vorsieht, das ohne Mitwirkung der anderen Partei den Vertragsinhalt gestaltet.[172] Insoweit spiegelt sich gerade das auf der Privatautonomie beruhende Primat des Vertrages wider.

Entscheidend gegen das Vorliegen eines einseitiges Gestaltungsrechts spricht, dass sich das rahmenvertraglich gebundene EVU gemäß § 4 Abs. 1 des Muster-Rahmenvertrags von den Verpflichtungen gegen Entrichtung eines sog. Reduzierungsentgelts lösen kann.[173] Anders als bei einem einseitigen Gestaltungsrecht kann das rahmenvertraglich gebundene EVU den Vertragsschluss trotz der bestehenden Verpflichtung zum Abschluss zukünftiger Einzelnutzungsverträge privatautonom scheitern lassen. An dieser vertragsrechtlichen Situation ändert auch die Vereinbarung eines Reduzierungsentgelts nichts. Dieses betrifft erst die Frage der Rechtsfolge bei Nichtabschluss von Einzelnutzungsverträgen. Eine solche Regelung wäre gerade überflüssig, wenn der Vertragsschluss bereits durch einseitige Gestaltungserklärung der DB Netz AG herbeigeführt werden könnte.

Folglich liegt auch bei zusätzlichem Abschluss eines Rahmenvertrags nach §§ 14 a AEG, 13 EIBV kein vertragliches einseitiges Leistungsbestimmungsrecht vor, dessen Ausübung zu einer gerichtlichen Billigkeitskontrolle der Trassenpreise gemäß § 315 BGB führen würde. Trotz der rahmenvertraglichen Verpflichtung zum Abschluss zukünftiger Einzelnutzungsverträge werden die Entgelte für die konkrete Trassennutzung individualvertraglich erst mit Abschluss der Einzelnutzungsverträge vereinbart. Der Abschluss von Einzelnutzungsverträgen kann nicht durch einseitige Gestaltungserklärung der DB Netz AG herbeigeführt werden. Vielmehr hat die DB Netz AG lediglich Anspruch auf Zustimmung zu einem Vertragsschluss, der wie die §§ 558 Abs. 1, 593 Abs. 1 S. 1 BGB, 9 a Abs. 1 S. 1 ErbbauRG eine richterliche Billigkeitskontrolle gemäß § 315 BGB gerade nicht begründet. Zudem haben die EVU die Möglichkeit, sich gegen Zahlung eines Reduzierungsentgelts von ihrer Verpflichtung zum Abschluss von Einzelnutzungsverträgen zu lösen.

1.2 Vorliegen eines gesetzlichen Leistungsbestimmungsrechts

§ 315 BGB wäre grundsätzlich auch dann direkt auf die Trassenpreise der DB Netz AG anwendbar, wenn das Gesetz den EIU ein einseitiges Leistungsbestimmungsrecht einräumen würde und diese die Trassenpreise in Ausübung dieses gesetzlichen Leistungsbestimmungsrechts einseitig festlegen würden. Allerdings sieht weder das AEG

172 So auch *Rieble*, in: Staudinger, BGB (2004), § 315 Rn. 161.
173 Siehe dazu bereits oben B.III.3.

noch die EIBV eine Norm vor, die ausdrücklich auf billiges Ermessen verweist[174] oder den EIU das Recht gewährt, Entgelte einseitig festzusetzen[175] oder privatrechtliche Entgelte zu erheben.[176] Damit weisen AEG und EIBV den EIU jedenfalls kein ausdrückliches "nicht näher konkretisiertes Bestimmungsrecht"[177] im Sinne der Rechtsprechung zu, das als gesetzliches Leistungsbestimmungsrecht angesehen werden müsste.

Fraglich ist allerdings, ob aus den sektorspezifischen Normen des Eisenbahnrechts ein gesetzliches Leistungsbestimmungsrecht abgeleitet werden kann. Insoweit kommt es darauf an, ob die Rechtsprechung zu §§ 6 Abs. 1, 10 Abs. 1 EnWG 1998,[178] §§ 4 Abs. 1, 2 AVBEltV, 4 Abs. 1, 2 AVBGasV[179] bzw. §§ 5 StromGVV, 5 GasGVV auf den Eisenbahnsektor übertragbar ist.

a) Gesetzliches Leistungsbestimmungsrecht aus §§ 14 Abs. 4 AEG, 21 Abs. 1 EIBV?

Nach § 14 Abs. 4 S. 1 AEG haben Betreiber von Schienenwegen ihre Entgelte so zu bemessen, dass die ihnen insgesamt für die Erbringung der Pflichtleistungen entstehenden Kosten zuzüglich einer Rendite, die am Markt erzielt werden kann, ausgeglichen werden. Diese Bestimmung wird ergänzt durch die Regelung des § 21 Abs. 1 S. 1 EIBV, nach der der Betreiber von Schienenwegen seine Entgelte so zu gestalten hat, dass sie durch leistungsabhängige Bestandteile den EVU und den Betreibern von Schienenwegen Anreize zur Verringerung von Störungen und zur Erhöhung der Leistungsfähigkeit des Schienennetzes bieten. §§ 14 Abs. 4 S. 1 AEG, 21 Abs. 1 S. 1 EIBV geben den Betreibern von Schienenwegen folglich zwingende Maßstäbe und Kriterien vor, nach denen sie ihre Entgelte zu bemessen haben.

Daraus kann jedoch – auch unter Berücksichtigung der Rechtsprechung zu § 4 Abs. 1, 2 AVBGasV[180] – kein gesetzliches Leistungsbestimmungsrecht abgeleitet werden, das zu einer richterlichen Billigkeitskontrolle der Trassenpreise der DB Netz AG nach § 315 BGB führen würde. Zwar kann aus Sicht des BGH ein gesetzliches Leistungsbestimmungsrecht dann angenommen werden, wenn eine Norm wie §§ 4 AVBGasV, 4 AVBEltV, §§ 5 StromGVV, 5 GasGVV ausdrücklich auf die Aufstellung

174 Vgl. etwa § 14 Abs. 1 S. 1 RVG (Rechtsanwaltsgebühren), § 660 Abs. 1 S. 1 BGB (Auslobung), § 1024 BGB (Grunddienstbarkeiten), § 1246 Abs. 1 BGB (Pfandverkauf), § 2156 S. 1 BGB (Zweckvermächtnis), § 5 Abs. 2 S. 2 GOÄ (Arztgebühren), § 9 a Abs. 1 S. 1 ErbbauRG (Erbbauzinsen), § 16 Abs. 1 BetrAVG (Betriebsrenten).

175 Vgl. bspw. *BGH*, Urteil vom 17. Mai 1994, X ZR 82/92, BGHZ 126, 109 Rn. 43 zu § 12 Abs. 3 ArbNErfG; *BSG*, Beschluss vom 27. Juni 2001, B 6 KA 86/00 B, veröffentlicht bei juris Rn. 7 zu § 10 S. 1 SchiedsamtsVO.

176 *BayObLG*, Beschluss vom 20. Dezember 2001, 5Z RR 398/01, NVwZ-RR 2002, 276 Rn. 7 zu Art. 4 Abs. 1 S. 2 Hs. 2 AGTierKBG BY.

177 *BSG*, Beschluss vom 27. Juni 2001, B 6 KA 86/00 B, veröffentlicht bei juris Rn. 7.

178 Vgl. bspw. *BGH*, Urteil vom 13. Juni 2007, VIII ZR 36/06, NJW 2007, 2540; *BGH*, Urteil vom 4. März 2008, KZR 29/06, NJW 2008, 2175 Rn. 20 – *Stromnetznutzungsentgelt III*.

179 *BGH*, Urteil vom 13. Juni 2007, VIII RZ 36/06, NJW 2007, 2540 Rn. 14 ff.; *BGH*, Teilurteil vom 29. April 2008, KZR 2/07, BGHZ 176, 244 Rn. 26 – *Erdgassondervertrag*.

180 *BGH*, Urteil vom 13. Juni 2007, VIII ZR 36/06, NJW 2007, 2540 Rn. 16 f.

von allgemeinen Tarifen bzw. auf Vorgaben für das Wirksamwerden von Tarifänderungen verweist.[181] Dies kann jedoch allenfalls zu einer gerichtlichen Billigkeitskontrolle von einseitig vorgenommenen Preisänderungen, nicht aber von vereinbarten Anfangspreisen führen. Insoweit äußert sich der BGH in seiner Entscheidung vom 19. November 2008:[182]

> *"Der Billigkeitskontrolle nach § 315 BGB entzogen ist der* ***Preissockel****, der durch den vertraglich vereinbarten Preis bis zum 31. Dezember 2004 gebildet wird [...].* ***Einseitig festgesetzt*** *wird von dem Gasversorger dann* ***nur der Erhöhungsbetrag****. Eine Erhöhung des Gaspreises widerspricht nicht schon deshalb der Billigkeit, weil das Versorgungsunternehmen mit ihr anstrebt, eine Gewinnschmälerung zu vermeiden. Die durch § 315 BGB angeordnete Überprüfung der Billigkeit einer einseitigen Preiserhöhung durch eine Vertragspartei im laufenden Vertragsverhältnis dient – anders als die hier ausgeschlossene Billigkeitskontrolle des Anfangspreises in entsprechender Anwendung von § 315 BGB (siehe oben unter a bb) – nicht dazu, die Kalkulation der zuvor mit der anderen Partei vereinbarten Preise daraufhin zu kontrollieren, welche Gewinnspanne darin enthalten ist und ob diese billigem Ermessen entspricht. Die* ***Billigkeitskontrolle einer Preiserhöhung darf nicht dazu benutzt werden, in das bisher bestehende Preisgefüge einzugreifen und einen ursprünglich für den Lieferanten besonders vorteilhaften Vertrag in einen Vertrag mit einem anderen Interessenausgleich zu verwandeln*** *(Dreher, ZNER 2007, 103, 107). Die Preisanpassung muss das vertragliche Äquivalenzverhältnis wahren, das heißt, der Lieferant darf sie nicht vornehmen, um einen zusätzlichen Gewinn zu erzielen; sie widerspricht aber nicht schon deshalb billigem Ermessen, weil sie dazu dient, eine Minderung des Gewinns zu vermeiden (vgl. BGH, Urteil vom 29. April 2008, aaO, Tz. 18).*
> *Der Billigkeitskontrolle nach § 315 BGB unterworfen sind, wie der Senat bereits entschieden hat (BGHZ 172, 315, Tz. 13ff.), die* ***Preiserhöhungen*** *des Gasversorgers. Dies sind hier die Preiserhöhungen der Beklagten ab dem 1. Januar 2005, auf denen die Jahresabrechnung der Beklagten für 2005 und die von ihr für 2006 geforderten Abschlagszahlungen beruhen. Durch die Tariferhöhungen im Jahr 2005 und zu Beginn des Jahres 2006 hat die Beklagte von einem* ***einseitigen Leistungsbestimmungsrecht*** *Gebrauch gemacht, das ihr durch* ***§ 4 Abs. 1 und 2 AVBGasV*** *eingeräumt ist. Die Ausübung des sich aus diesen Vorschriften von Gesetzes wegen ergebenden Leistungsbestimmungsrechts unterliegt der Billigkeitskontrolle nach § 315 BGB ebenso wie eine einseitige Leistungsbestimmung auf vertraglicher Grundlage (BGHZ 172, 315, Tz. 14ff.)."* [Hervorhebungen nicht im Original]

Da die Trassenpreise der DB Netz AG jährlich im Rahmen von Einzelnutzungsverträgen vereinbart werden, liegen keine einseitigen Preisänderungen durch die DB Netz AG vor. Insofern räumen die §§ 14 Abs. 4 S. 1 AEG, 21 Abs. 1 EIBV der DB Netz AG

181 *BGH*, Urteil vom 13. Juni 2007, VIII ZR 36/06, NJW 2007, 2540 Rn. 16 f.; *BGH*, Teilurteil vom 29. April 2008, KZR 2/07, BGHZ 176, 244 Rn. 26 – *Erdgassondervertrag*.
182 *BGH*, Urteil vom 19. November 2008, VIII ZR 138/07, NJW 2009, 502 Rn. 24 ff.

gerade auch kein einseitiges Preisänderungsrecht i. S. d. §§ 4 AVBGasV, 4 AVBEltV, §§ 5 StromGVV, 5 GasGVV ein. Vielmehr treffen die §§ 14 Abs. 4 S. 1 AEG, 21 Abs. 1 EIBV lediglich eine Regelung, die materielle Vorgaben für die Bemessung der Höhe der Trassenpreise enthält.[183]

b) Gesetzliches Leistungsbestimmungsrecht aus § 14 Abs. 1 AEG?

Die Rechtsprechung hat jüngst auch aus dem energierechtlichen Diskriminierungsverbot des § 6 Abs. 1 S.1 EnWG 1998 ein gesetzliches Leistungsbestimmungsrecht abgeleitet.[184] Diese Rechtsprechung ist jedoch – wie oben bereits ausgeführt[185] – aus mehreren Gründen abzulehnen und nicht auf das allgemeine eisenbahnrechtliche Diskriminierungsverbot des § 14 Abs. 1 AEG zu übertragen.

Bloße Diskriminierungsverbote verleihen den Adressaten kein Recht zur einseitigen Tarifbestimmung oder Tarifänderung. Sie enthalten lediglich die nachgelagerte Verpflichtung, bei Ausübung der ihnen zustehenden Befugnisse nicht ohne sachliche Rechtfertigung vergleichbare Parteien ungleich zu behandeln. Darin liegt die Anerkennung des Schutzes der strukturell unterlegenen Vertragspartei, die eine Berufung auf den § 315 BGB angeblich innewohnenden "allgemeinen Schutzgedanken"[186] erübrigt.

Diese und die weiteren, oben genannten Überlegungen dürften den BGH in seiner Entscheidung "Stromnetznutzungsentgelt III" auch dazu bewogen haben, zusätzlich die Kriterien der Monopolrechtsprechung heranzuziehen. Durch diesen "Kunstgriff" meinte der Kartellsenat, die Annahme eines gesetzlichen Leistungsbestimmungsrechts untermauern und zugleich einer Vorlagepflicht zum Großen Senat entgehen zu können. Beides trifft jedoch nicht zu, da es bei der Frage nach einem gesetzlichen Leistungsbestimmungsrecht um eine direkte und nicht um eine analoge Anwendung des § 315 BGB geht.

Daher stünde die Annahme eines gesetzlichen Leistungsbestimmungsrechts trotz individualvertraglicher Vereinbarung eines veröffentlichten, bezifferten Preises in evidentem Widerspruch zu der insoweit eindeutigen Rechtsprechung des VIII. Zivilsenats. Wie bereits ausgeführt,[187] können gesetzliche Leistungsbestimmungsrechte lediglich aus solchen Regelungen abgeleitet werden, die zu einer Billigkeitskontrolle von Preiserhöhungen, nicht aber von vertraglich vereinbarten Anfangspreisen füh-

183 Siehe dazu bereits oben B.II.2.2.

184 *BGH*, Urteil vom 4. März 2008, KZR 29/06, NJW 2008, 2175 Rn. 19 f. – *Stromnetznutzungsentgelt III.*

185 Siehe oben C.II.2.3 b.

186 So bereits *BGH*, Urteil vom 29. Oktober 1962, II ZR 31/61, BGHZ 38, 183 Rn. 4; *BGH*, Urteil vom 17. Mai 1994, X ZR 82/92, BGHZ 126, 109 Rn. 43; *BGH*, Urteil vom 30. April 2003, VIII ZR 279/02, NJW 2003, 3131 Rn. 17; *BGH*, Urteil vom 13. Juni 2007, VIII ZR 36/06, NJW 2007, 2540 Rn. 16. Ablehnend mit ausführlicher Begründung *Rieble*, in: Staudinger, BGB (2004), § 315 Rn. 32 ff.

187 Siehe oben C.II.2.1.

ren.[188] Da es sich bei den Trassenpreisen der DB Netz AG aber um in den Einzelnutzungsverträgen jährlich neu vereinbarte Anfangspreise i. d. S. handelt, kann auch aus diesem Grund in § 14 Abs. 1 AEG kein einseitiges Leistungsbestimmungsrecht gesehen werden.

1.3 Zwischenergebnis

Eine direkte Anwendung des § 315 BGB auf die Trassenpreise der DB Netz AG ist abzulehnen. Weder der Grundsatz-INV inkl. SNB bzw. ABN noch fakultativ abzuschließende Rahmenverträge räumen der DB Netz AG ein einseitiges Leistungsbestimmungsrecht ein. Vielmehr sind die veröffentlichten, bezifferten Trassenpreise Gegenstand einer Individualvereinbarung im Rahmen des Abschlusses der Einzelnutzungsverträge. Diese Vereinbarung lässt keinen Spielraum für die Annahme eines vertraglichen einseitigen Leistungsbestimmungsrechts, das eine aufgrund fehlender Einigung über sämtliche *essentialia negotii* bestehende Vertragslücke schließen soll. Eine solche Vertragslücke besteht infolge der individualvertraglichen Einigung auf die Trassenpreise in den Einzelnutzungsverträgen nicht.

Ein gesetzliches Leistungsbestimmungsrecht kann aber auch nicht aus den eisenbahnrechtlichen Normen abgeleitet werden. Weder § 14 Abs. 4 S. 1 AEG i. V. m. § 21 Abs. 1 S. 1 EIBV noch § 14 Abs. 1 AEG räumen der DB Netz AG ein gesetzliches Leistungsbestimmungsrecht ein, in dessen Ausübung die DB Netz AG die Trassenpreise einseitig festsetzt. Vielmehr handelt es sich bei den Trassenpreisen um jährlich in den Einzelnutzungsverträgen neu vereinbarte Anfangspreise. Daher enthalten die §§ 14 Abs. 4 S. 1 AEG, 21 Abs. 1 S. 1 EIBV lediglich materielle Vorgaben für die Bemessung der Höhe der Trassenpreise. Aus bloßen Diskriminierungsverboten wie § 14 Abs. 1 AEG können darüber hinaus bereits aus grundsätzlichen Erwägungen keine gesetzlichen Leistungsbestimmungsrechte abgeleitet werden.

2. Analoge Anwendbarkeit des § 315 BGB

Wie bereits ausgeführt,[189] setzt eine analoge Anwendung des § 315 BGB zwingend voraus, dass die allgemeinen Kriterien einer Analogie im Einzelfall erfüllt sind. Dies gilt auch dann, wenn eine in der Rechtsprechung anerkannte, jedoch nie auf Erfüllung der Analogievoraussetzungen überprüfte Fallgruppe – die Monopolrechtsprechung – erweitert und auf weitere, bisher nicht erfasste Fälle ausgedehnt werden soll. Insoweit hat der BGH mit Entscheidung vom 19. November 2008 ausdrücklich in Erinnerung gerufen, dass eine analoge Anwendung nicht schematisch, sondern unter Berücksich-

188 *BGH*, Urteil vom 19. November 2008, VIII ZR 138/07, NJW 2009, 502 Rn. 24 ff.
189 Siehe dazu oben C.II.3.2.

tigung aller Umstände des Einzelfalls, inkl. der gesetzgeberischen Intention, zu erfolgen hat.[190]

Eine analoge Anwendung des § 315 BGB auf die Trassenpreise der DB Netz AG wäre folglich nur möglich, wenn die Voraussetzungen einer Einzelanalogie und insbesondere die Voraussetzungen der Monopolrechtsprechung – Angewiesensein und (unmittelbare) Daseinsvorsorge – erfüllt wären (dazu siehe 2.2). Dies setzt allerdings zunächst die Prüfung voraus, ob die Monopolrechtsprechung überhaupt auf den Eisenbahnsektor übertragbar ist (dazu siehe 2.1).

2.1 Übertragbarkeit der Monopolrechtsprechung auf den Eisenbahnsektor?

Der Gesetzgeber hat mit den §§ 14 e, 14 f AEG zwei eisenbahnrechtliche Verfahren vorgesehen, mit denen die Einhaltung der eisenbahnrechtlichen Vorgaben für den Zugang zur Eisenbahninfrastruktur kontrolliert werden soll. Danach kann die Regulierungsbehörde entweder bereits vorab (§ 14 e AEG) oder nachträglich im Wege eines Überprüfungs-, Zugangs- oder Anschlussverfahrens (§ 14 f AEG) u. a. die Trassenpreise überprüfen.[191] Fraglich ist, ob diese beiden Verfahren die (analoge) Anwendung des § 315 BGB ausschließen.

a) Vorrang der Vorabprüfung nach § 14 e AEG?

Die höchstrichterliche Rechtsprechung hat in einer Reihe von Entscheidungen festgestellt, dass die behördliche "Genehmigung" der Tarife eines Unternehmens der Daseinsvorsorge, auf das der Vertragspartner angewiesen ist, nicht die richterliche Billigkeitskontrolle nach § 315 BGB ausschließt.[192] Eine solche behördliche Genehmigung soll regelmäßig nur öffentlich-rechtliche Wirkungen im Verhältnis der Behörde zum Genehmigungsempfänger, nicht aber im Verhältnis des Genehmigungsempfängers zu Dritten entfalten, die in privatrechtlichen Verträgen mit dem Genehmigungs-

190 *BGH*, Urteil vom 19. November 2008, VIII ZR 138/07, NJW 2009, 502 Rn. 18 ff.; *BGH*, Urteil vom 8. Juli 2009, VIII ZR 314/07, NJW 2009, 2894.

191 Siehe dazu bereits oben B.II.2.3 b.

192 *BGH*, Urteil vom 24. November 1977, III ZR 27/76, VRS 55, 18 Rn. 30 f. – zu § 43 LuftVZO; *BGH*, Urteil vom 19. Dezember 1978, VI ZR 43/77, BGHZ 73, 114 Rn. 35; *BGH*, Urteil vom 2. Oktober 1991, VIII ZR 240/90, NJW-RR 1992, 183 Rn. 20 – zu § 12 BTOElt; *BGH*, Urteil vom 10. Oktober 1991, III ZR 100/90, BGHZ 115, 311 Rn. 22 – zu der Bestätigung durch den Innenminister gemäß § 14 KAG Schleswig-Holstein 1978; *BGH*, Urteil vom 23. Januar 1997, III ZR 27/96, NJW-RR 1997, 1019 – zu § 43 LuftVZO; *BGH*, Urteil vom 5. Juli 2005, X ZR 60/04, NJW 2005, 2919 Rn. 13 – zu Genehmigungen im Bereich der Abfallentsorgung; *BGH*, Urteil vom 18. Oktober 2005, KZR 36/04, BGHZ 164, 336 Rn. 20 – *Stromnetznutzungsentgelt I* – zu § 12 BTOElt.

empfänger verbunden sind.[193] Dennoch soll eine behördliche Genehmigung regelmäßig ein gewisses Indiz für die Billigkeit der Tarife liefern.[194]

Als Ausnahme von diesem Grundsatz sind zwei Fallgruppen anerkannt, in denen eine behördliche Handlung die richterliche Billigkeitskontrolle nach § 315 BGB einschränken bzw. ganz ausschließen kann. Zum einen betrifft das die Fälle, in denen die Behörde den Tarif durch Verwaltungsakt festsetzt, so dass dem Monopolanbieter bei seiner Tarifgestaltung keinerlei privatautonomer Spielraum verbleibt.[195] Zum anderen hat die Rechtsprechung diese Argumentation auf Fälle übertragen, in denen zwar nur ein genehmigter – und nicht festgesetzter – Tarif vorlag, es dem Monopolanbieter aber aufgrund von gesetzlichen Bestimmungen nicht gestattet war, von dem genehmigten Tarif abzuweichen.[196] Insoweit schreibt das OLG Frankfurt:[197]

> *"Die Klägerin kann ihre Vergütung nach den vom Regierungspräsidium genehmigten und veröffentlichten Entgeltlisten berechnen. Eine Überprüfung der Angemessenheit der darin enthaltenen Preise nach § 315 Abs. 3 BGB ist den Zivilgerichten verwehrt. Grundsätzlich ist allerdings in der höchstrichterlichen Rechtsprechung anerkannt, dass die Tarife von Unternehmen, die Leistungen der Daseinsvorsorge anbieten, auf deren Inanspruchnahme der andere Vertragsteil im Bedarfsfalle angewiesen ist, grundsätzlich der Billigkeitskontrolle nach § 315 Abs. 3 BGB unterworfen sind (vgl. etwa BGHZ 115, 311, 316 m.w.N.). Dies gilt auch für Unternehmen, die im Rahmen eines Anschluss- und Benutzungszwanges privatrechtlich tätig werden (BGHZ 163, 321 = BGH NJW 2005, 2919). Eine solche Billigkeitskontrolle einseitig vorgenommener Entgeltbestimmungen ist auch grundsätzlich nicht schon dann ausgeschlossen, wenn bei der Festsetzung der Tarife und Entgelte öffentlich-rechtliche Vorgaben, zu denen auch behördliche Genehmigungsvorbehalte gehören, zu beachten sind (BGHZ 115, 311, 317 f; BGH NJW-RR 1997, 1019 m.w.N.; BGH NJW-RR 1992, 183, 185 m.w.N.). Der Grund dafür liegt darin, dass sich die öffentlich-rechtliche Wirkung der erforderlichen Genehmigung in der Regel auf das Verhältnis der Behörde zum Genehmigungsempfänger beschränkt und im übrigen der privatautonomen erwerbswirtschaftlichen Entscheidungsbefugnis der Vertragspartner freien Raum lässt (BGH NJW 1998, 3188, 3192; BGH DVBl. 1974, 558, 561 zu § 43 LuftVZO). Eine solche Lage ist nicht gegeben, wenn der Dienstleister* ***keine anderen Entgelte erheben darf als genehmigt****, eine* ***Änderung der Tarife nicht vor Genehmigungserteilung wirksam*** *wird und eine* ***abweichende Preisvereinbarung nichtig*** *ist. Denn da-*

193 *BGH*, Urteil vom 19. Dezember 1978, VI ZR 43/77, BGHZ 73, 114 Rn. 35; *BGH*, Urteil vom 2. Oktober 1991, VIII ZR 240/90, NJW-RR 1992, 183 Rn. 20; *BGH*, Urteil vom 5. Juli 2005, X ZR 60/04, NJW 2005, 2919 Rn. 13.

194 *BGH*, Urteil vom 5. Juli 2005, X ZR 60/04, NJW 2005, 2919 Rn. 40; *BGH*, Urteil vom 18. Oktober 2005, KZR 36/04, BGHZ 164, 336 Rn. 20 – *Stromnetznutzungsentgelt I.*

195 *BGH*, Urteil vom 19. Dezember 1978, VI ZR 43/77, BGHZ 73, 114 Rn. 37; *OLG Frankfurt*, Urteil vom 24. Mai 2006, 4 U 94/02, OLGR Frankfurt 2006, 1091 Rn. 14.

196 *BGH*, Urteil vom 2. Juli 1998, III ZR 287/97, NJW 1998, 3188 Rn. 61 ff.; *BGH*, Urteil vom 24. Mai 2007, III ZR 467/04, NJW 2007, 3344 Rn. 15 f.; *OLG Frankfurt*, Urteil vom 24. Mai 2006, 4 U 94/02, OLGR Frankfurt 2006, 1091 Rn. 14.

197 *OLG Frankfurt*, Urteil vom 24. Mai 2006, 4 U 94/02, OLGR Frankfurt 2006, 1091 Rn. 14.

durch verbleibt dem Anbieter kein privatautonomer Spielraum hinsichtlich der von den Kunden zu erhebenden Tarife und Entgelte mehr (BGH NJW 1998, 3188, 3192: Tarifreform Telekom 1996). In einem solchen Fall ist die Rechtslage nicht anders als bei einer Festsetzung des zu entrichtenden Entgeltes durch Verwaltungsakt, der, sofern er nicht nichtig oder auf Anfechtung hin aufgehoben ist, von den Zivilgerichten zu beachten ist (BGHZ 73, 114)." [Hervorhebungen nicht im Original]

Entscheidend ist bei der letztgenannten Fallgruppe folglich, ob die gesetzlichen Vorschriften gerade eine abschließende und verbindliche Gestaltung der Rechtsbeziehungen bezwecken und dem Monopolanbieter somit jeglicher privatautonome Gestaltungsspielraum genommen ist.[198] In diesem Fall verstößt jede Entgeltvereinbarung mit von den genehmigten Tarifen abweichenden Preisvereinbarungen gegen § 134 BGB und ist folglich nichtig. Dies war aus Sicht der Rechtsprechung bspw. im Monopolbereich der Telekommunikation sowohl gemäß § 4 Abs. 1 PTRegG als auch gemäß §§ 35, 39 i. V. m. § 25 Abs. 1 TKG 1996 der Fall.

Das Vorabprüfungsverfahren nach § 14 e AEG führt weder zu einer Festsetzung noch zu einer Genehmigung der Entgelte durch die Regulierungsbehörde. Vielmehr hat die Regulierungsbehörde nach Eingang einer Mitteilung nach § 14 d S. 1 Nr. 6 AEG lediglich das Recht, innerhalb einer Sperrfrist von vier Wochen der beabsichtigten Neufassung oder Änderung der SNB einschließlich der darin vorgesehenen Entgeltgrundsätze und Entgelthöhen zu widersprechen (§ 14 e Abs. 1 Nr. 4 AEG). Macht sie von dieser Möglichkeit Gebrauch, so treten die geänderten Entgeltbestimmungen auch nach Ablauf der Sperrfrist nicht in Kraft (§ 14 e Abs. 3 Nr. 2 AEG). Rechtstechnisch stellt dies eine Art Erlaubnis mit Verbotsvorbehalt dar.

Werden an das derart ausgestaltete Vorabprüfungsverfahren die oben genannten Maßstäbe der Rechtsprechung angelegt, so zeigen sich sowohl Abweichungen als auch Parallelen. Übt die Regulierungsbehörde ihr Widerspruchsrecht nicht aus, so treten die SNB nach Ablauf der Sperrfrist rückwirkend in Kraft.[199] In diesem Fall ist es der DB Netz AG nicht erlaubt, gegenüber einzelnen EVU von den derart festgelegten Entgeltgrundsätzen und Entgelthöhen abzuweichen. In beiden Fällen würde die DB Netz AG gegen § 14 Abs. 1 AEG bzw. §§ 19, 20 GWB verstoßen.[200] Zudem werden die geänderten Entgeltgrundsätze und Entgelthöhen nicht vor Ablauf der Sperrfrist von vier Wochen wirksam, innerhalb derer die Regulierungsbehörde ihr Widerspruchsrecht ausüben kann. Insoweit spricht einiges dafür, die durch das OLG Frankfurt aufgestellten Voraussetzungen als erfüllt anzusehen.

Das eisenbahnrechtliche Vorabprüfungsverfahren nach § 14 e AEG weist dennoch auch erhebliche Unterschiede zu den von der Rechtsprechung als Ausnahmen anerkannten Fallgruppen auf. So ist die Nichtausübung eines Widerspruchsrechts unter dem Gesichtspunkt der Rechtssicherheit nicht mit einer behördlichen Genehmigung vergleichbar. Anders als bei einer behördlichen Genehmigung steht die Ausübung des Widerspruchsrechts im Aufgreifermessen der Regulierungsbehörde. Zudem besteht

198 *BGH*, Urteil vom 24. Mai 2007, III ZR 467/04, NJW 2007, 3344 Rn. 15.

199 *Gerstner*, in: Beck'scher AEG-Kommentar, 2006, § 14 e Rn. 23.

200 Siehe dazu bereits oben C.II.2.3 b.

selbst bei Nichtausübung des Widerspruchsrechts jederzeit die Möglichkeit einer nachträglichen Prüfung nach § 14 f AEG. Aufgrund dieser nachträglichen Überprüfungsmöglichkeit findet im Rahmen einer Vorabprüfung regelmäßig keine materielle Überprüfung statt, ob die Entgeltfestsetzung mit den §§ 14 Abs. 4 AEG, 21 EIBV vereinbar ist. Dies ergibt sich bereits daraus, dass für die geänderten Entgeltgrundsätze und Entgelthöhen gerade keine Begründungspflicht nach § 14 d S. 2, 3 AEG besteht.

Wird die gesetzgeberische Intention ernst genommen, d. h. werden nur solche Fallgestaltungen von der Anwendbarkeit des § 315 BGB trotz Genehmigung ausgenommen, die eine abschließende und verbindliche Gestaltung der Rechtsbeziehungen bezwecken und dem Monopolanbieter somit jeglichen privatautonomen Gestaltungsspielraum nehmen,[201] so dürfte das Vorabprüfungsverfahren nach § 14 e AEG nicht zu einem Ausschluss von § 315 BGB führen. Das Vorabprüfungsverfahren allein bezweckt keine abschließende und verbindliche Gestaltung der Rechtsbeziehungen zwischen den Betreibern von Schienenwegen und EVU. Ein zum Ausschluss des § 315 BGB führender Vorrang des § 14 e AEG dürfte daher abzulehnen sein.

b) Vorrang der nachträglichen Prüfung nach § 14 f AEG?

Unabhängig von den Auswirkungen behördlicher Vorabprüfungen, Genehmigungen oder Festsetzungen auf die Anwendbarkeit des § 315 BGB könnte eine richterliche Billigkeitskontrolle gemäß § 315 BGB wegen des Vorrangs der nachträglichen Prüfung nach § 14 f AEG ausgeschlossen sein. Ein solcher Vorrang scheint schon deshalb naheliegend, weil § 14 f Abs. 2, 3 AEG mit dem Zugangs- oder Anschlussverfahren[202] ein unmittelbar zivilrechtsgestaltendes Verfahren vorsieht, d. h. ein Verfahren, das unmittelbar zivilrechtliche Rechten und Pflichten begründet, die an die Stelle der privatautonomen Entscheidung treten (vgl. § 14 f Abs. 3 Nr. 2 AEG).[203]

Demgegenüber scheidet ein Vorrang der Prüfung nach § 14 f Abs. 1 AEG (Überprüfungsverfahren) bereits von vornherein aus, weil das Überprüfungsverfahren nur von Amts wegen und nicht auf Antrag eingeleitet werden kann. Daher bietet es den Kunden oder Wettbewerbern keine Möglichkeit, wie im Rahmen des § 315 BGB gegen die Trassenpreise der DB Netz AG vorzugehen. Zudem bietet § 14 Abs. 1 AEG keine Möglichkeit in die Einzelnutzungsverträge zivilrechtsgestaltend einzugreifen. Die Regulierungsbehörde kann lediglich die SNB oder die Trassenpreise mit Wirkung für die Zukunft für ungültig erklären.[204]

201 *BGH*, Urteil vom 24. Mai 2007, III ZR 467/04, NJW 2007, 3344 Rn. 15.
202 Siehe dazu bereits oben B.II.2.3 b.dd.
203 Siehe auch *Frotscher/Kramer*, NVwZ 2001, 24, 30; *Kühling/Ernert*, NVwZ 2006, 33, 37.
204 Dazu: *Gerstner*, in: Beck'scher AEG-Kommentar, § 14 f Rn. 11, 12, 23.

aa) *Ausschluss des Zivilrechtswegs?*

Es könnte die Ansicht vertreten werden, dass die Möglichkeit des Verfahrens nach § 14 f AEG den Zivilrechtsweg vollständig ausschließt.[205] Die EVU wären dann auf das behördliche Verfahren vor der Regulierungsbehörde und das sich daran gegebenenfalls anschließende Verwaltungsrechtsverfahren beschränkt. Dann könnte im Ergebnis dahingestellt bleiben, ob bereits das gerichtliche Verfahren als solches unzulässig wäre oder ob dafür lediglich das Rechtsschutzbedürfnis fehlen würde.[206]

Ein vollständiger Ausschluss des Zivilrechtswegs ist allerdings schon deshalb abzulehnen, weil andernfalls weder Zahlungsklagen seitens der Betreiber von Schienenwegen noch Klagen auf Gewährung des Zugangs zu Schienennetzen seitens der EVU aus wirksam abgeschlossenen Einzelnutzungsverträgen möglich wären.[207] Zudem setzt ein Vorgehen im Wege des unmittelbar zivilrechtsgestaltenden Zugangs- oder Anschlussverfahrens des § 14 f Abs. 2, 3 AEG voraus, dass Einzelnutzungsverträge nach § 14 Abs. 6 AEG bzw. Rahmenverträge nach § 14 a AEG nicht zustande gekommen bzw. die Vertragsverhandlungen endgültig gescheitert sind. Ein Rückgriff auf das Zugangs- oder Anschlussverfahren ist folglich immer dann nicht möglich, wenn es bereits zu einem Vertragsabschluss zwischen den Betreibern von Schienenwegen und EVU inkl. der Einigung über alle *essentialia negotii* gekommen ist und diese über ihre vertraglichen Rechte und Pflichten aus diesem Vertrag streiten. Ein Ausschluss des Zivilrechtswegs würde die Vertragsparteien in diesen Fällen rechtsschutzlos stellen.

Folglich ist trotz der gesetzlichen Möglichkeit eines nachträglichen Prüfungsverfahrens nach § 14 f Abs. 2, 3 AEG grundsätzlich der Gang zu den Zivilgerichten eröffnet.

bb) *Verhältnis zwischen § 14 f AEG und § 315 BGB*

Der Gesetzgeber hat mit dem Verfahren der nachträglichen Prüfung nach § 14 f AEG ein ausdifferenziertes System zur Verfügung gestellt, das die Befugnisse der Regulierungsbehörde für den Fall abschließend regelt, dass eine Vereinbarung über den Zugang nach § 14 Abs. 6 AEG oder über einen Rahmenvertrag nach § 14 a AEG nicht zustande kommt. Diese objektiven Voraussetzungen sind dann erfüllt, wenn die Ver-

205 So vertrat das *LG Frankfurt am Main*, Urteil vom 15. Dezember 2004, 3-08 O 72/04 die Ansicht, § 14 Abs. 5 AEG a. F. gehe als lex specialis dem § 315 Abs. 1 BGB vor. Das Berufungsgericht hob dieses Urteil allerdings auf, ohne zu dieser Problematik ausdrücklich Stellung zu nehmen, siehe *OLG Frankfurt*, Urteil vom 10. Oktober 2006, 11 U 3/05 (Kart), WuW/E DE-R 1901. Vgl. zu § 31 PostG *LG Köln*, Urteil vom 3. August 2005, 28 O (Kart) 288/05, veröffentlicht bei juris Rn. 17 ff.

206 Siehe *LG Köln*, Urteil vom 3. August 2005, 28 O (Kart) 288/05, veröffentlicht bei juris Rn. 17.

207 Zur Zulässigkeit des Zivilrechtswegs trotz vorliegender Entscheidung der Regulierungsbehörde und trotz Anhängigkeit der Verfahren bei Verwaltungsgerichten *OLG Düsseldorf*, Urteil vom 23. Dezember 2003, VI-U (Kart) 22/02, MMR 2004, 247 Rn. 51 ff.; *OLG Düsseldorf*, Urteil vom 23. Dezember 2003, VI-U (Kart) 23/02 (Parallelverfahren).

tragsverhandlungen zwischen EIU und EVU endgültig gescheitert sind und die Parteien selbst nicht mehr von einer vertraglichen Lösung des Konflikts ausgehen.[208]

Ein solches endgültiges Scheitern der Vertragsverhandlungen liegt aber auch bereits dann vor, wenn sich die Parteien über die Höhe der Trassenpreise, mithin über die *essentialia negotii*, endgültig nicht einig geworden sind. Nach § 14 f Abs. 2 S. 1 AEG steht das Zugangs- oder Anschlussverfahren nach § 14 f Abs. 2, 3 AEG immer dann offen, wenn keine Vereinbarung erzielt werden konnte, die sämtliche Voraussetzungen des § 14 Abs. 6 AEG bzw. des § 14 a AEG erfüllt. Zu den Voraussetzungen des § 14 Abs. 6 AEG gehören sämtliche Einzelheiten des Zugangs, insbesondere auch eine feste Bezifferung des zu entrichtenden Entgelts. Wird zwischen den Parteien mithin eine vertragliche Einigung getroffen, die die Frage des Entgelts bewusst offen lässt, steht den Parteien der Weg zu einem Zugangs- oder Anschlussverfahren nach § 14 f Abs. 2, 3 AEG offen.

(1) Recht auf Durchführung eines Zugangs- oder Anschlussverfahrens nach § 14 f Abs. 2, 3 AEG

Nach § 14 f Abs. 2 S. 1 AEG "können" die Entscheidungen des EIU durch die Regulierungsbehörde auf Antrag oder von Amts wegen überprüft werden.[209] Unklar ist, ob der Regulierungsbehörde dadurch generell ein Aufgreif-, Entschließungs- und Auswahlermessen eingeräumt werden soll (sog. "Ermessens-Kann")[210] oder ob ein solches Ermessen nur für den Fall einer Prüfung von Amts wegen besteht[211] und die Regulierungsbehörde im Falle eines Antrags zu einer behördlichen Entscheidung verpflichtet ist (sog. "Kompetenz-Kann"). Dabei sprechen die besseren Argumente für die zuletzt genannte Ansicht.

Wie der Kartellbehörde nach § 32 Abs. 1 GWB steht der Regulierungsbehörde nach § 14 f Abs. 2 AEG bei einem Eingreifen von Amts wegen ein weites Aufgreif-, Entschließungs- und Auswahlermessen zu.[212] Aus diesem Grund ist aus dem Wortlaut des § 14 f Abs. 2 AEG, der für beide Alternativen – Tätigkeit von Amts wegen und auf Antrag – gilt, nicht abzuleiten, dass auch im Falle des Antrags eines EVU die Entscheidung über das "ob" des Tätigwerdens im Ermessen der Regulierungsbehörde steht.

208 *Gerstner*, in: Beck'scher AEG-Kommentar, § 14 f Rn. 34.

209 Die Möglichkeit einer Überprüfung von Amts wegen wurde im Zuge des gesetzgeberischen Vermittlungsverfahrens geschaffen, vgl. BR-Drs. 186/05, S. 8 f.

210 So wohl *Kramer*, in: Nomos – Erläuterungen zum Deutschen Bundesrecht, 2005 zu § 14 f Abs. 2 AEG.

211 Allerdings dürfte auch dieses Ermessen dahingehend eingeschränkt sein, dass die Einleitung eines Verfahrens von Amts wegen nur möglich ist, wenn noch kein Antrag gestellt wurde. Andernfalls könnte die Regulierungsbehörde die als Ausschlussfrist ausgestaltete Entscheidungsfrist umgehen und das gesamte Verfahren von der strikten Fristenbindung abkoppeln, vgl. *Gerstner*, in: Beck'scher AEG-Kommentar, § 14 f Rn. 31.

212 Zum GWB vgl. *Bechtold*, GWB, § 32 Rn. 4 f.

Vielmehr ist bei einem Tätigwerden der Regulierungsbehörde auf Antrag infolge des in § 14 Abs. 6 AEG verankerten Primats des Vertrages von einer bloßen Kompetenznorm auszugehen. Die unmittelbar zivilrechtsgestaltende Tätigkeit der Regulierungsbehörde schränkt den gesetzlich vorgesehenen Vorrang des Vertrags vor einer behördlichen Entscheidung erheblich ein. Dafür spricht auch, dass es sich bei dem Antragsrecht der EVU nach § 14 f Abs. 2 AEG – wie auch eine richtlinienkonforme Auslegung im Hinblick auf Art. 30 Abs. 2 der Richtlinie 2001/14/EG zeigt[213] – um eine individualschützende Norm handelt, die ein Recht zur Befassung der Regulierungsbehörde zur Folge hat. Ein solches Verständnis würde konterkariert, wenn der Regulierungsbehörde bei Vorliegen eines Antrags nach § 14 f Abs. 2 AEG ein Aufgreif-, Entschließungs- und Auswahlermessen zugebilligt würde.

Demnach haben EVU, deren Zugang zur Eisenbahninfrastruktur beeinträchtigt sein kann und die folglich nach § 14 f Abs. 2 S. 2 AEG antragsberechtigt sind, das Recht auf Entscheidung der Regulierungsbehörde über einen Antrag nach § 14 f Abs. 2 AEG.[214]

(2) Pflicht zur Durchführung eines Zugangs- oder Anschlussverfahrens nach § 14 f Abs. 2, 3 AEG

Der Antrag nach § 14 f Abs. 2 AEG auf nachträgliche Prüfung ist nicht an bestimmte Formvorschriften gebunden, vielmehr gilt allgemeines Verwaltungsverfahrensrecht.[215] Das Zugangs- oder Anschlussverfahren selbst ist aber an strikte Fristen gebunden. Diese garantieren eine kurzfristige Entscheidung der Regulierungsbehörde und sorgen damit schnell für Rechtssicherheit zugunsten aller Beteiligten. Zudem ermöglichen nur strikte Fristen die Einhaltung des selbst an enge Fristen gebundenen Zuweisungsverfahrens.

Nach den Vorgaben des Zuweisungsverfahrens der DB Netz AG kommen Einzelnutzungsverträge knapp vier Monate vor Inkrafttreten des neuen Netzfahrplans zustande.[216] Können sich die DB Netz AG und die EVU nicht auf den Abschluss von Einzelnutzungsverträgen inkl. der vorab veröffentlichten, bezifferten Trassenpreise einigen, haben die EVU innerhalb der ihnen von der DB Netz AG gemäß § 11 Abs. 4 EIBV gesetzten Annahmefrist von fünf Werktagen den Antrag auf nachträgliche Überprüfung bei der Regulierungsbehörde zu stellen (§ 14 f Abs. 2 S. 3 AEG). Fordert

213 Nach Art. 30 Abs. 2 der Richtlinie 2001/14/EG kann ein Antragsteller die Regulierungsstelle befassen, wenn er der Auffassung ist, ungerecht behandelt, diskriminiert oder auf andere Weise in seinen Rechten verletzt worden zu sein. Dies gilt nach Art. 30 Abs. 2 lit. d und e der Richtlinie 2001/14/EG ausdrücklich auch für Fragen der Entgeltregelung und der Höhe oder Struktur der Wegeentgelte. Aus dem Kontext und aus Sinn und Zweck der Regelung wird deutlich, dass es sich hierbei um ein Recht des Antragstellers handelt.

214 Dass die EVU in der Praxis von dem Verfahren nach § 14 f Abs. 2, 3 AEG bisher keinen Gebrauch gemacht haben, dürfte seine Ursache nicht in der fehlenden Effektivität dieses Verfahrens, sondern vielmehr in der Tatsache haben, dass sie sich von einer richterlichen Billigkeitskontrolle gemäß § 315 BGB vor den ordentlichen Gerichten mehr versprechen.

215 *Gerstner*, in: Beck'scher AEG-Kommentar, § 14 f Rn. 30.

216 Dazu siehe bereits oben B.II.2.1 a.

die Regulierungsbehörde die Beteiligten daraufhin auf, Auskünfte zu erteilen, so müssen diese der Aufforderung innerhalb von maximal zwei Wochen nachkommen (§ 14 f Abs. 2 S. 5 AEG). Die Regulierungsbehörde hat dann binnen zwei Monaten eine Entscheidung zu treffen (§ 14 f Abs. 2 S. 6 AEG). Werden sämtliche dieser Fristen voll ausgeschöpft, so fällt die Entscheidung der Regulierungsbehörde knapp eineinhalb Monate vor Inkrafttreten des neuen Netzfahrplans.

Aus dieser strikten Fristenregelung lässt sich die gesetzgeberische Intention ableiten, potenzielle Verfahren zwischen EIU und EVU so auszugestalten, dass eine behördliche Entscheidung rechtzeitig vor Inkrafttreten des neuen Netzfahrplans ermöglicht wird.[217] Gerade die ausdifferenzierte Ausgestaltung des Verfahrens der nachträglichen Prüfung nach § 14 f AEG mit strikten Fristen ermöglicht es aus Sicht des Gesetzgebers, den eisenbahnrechtlichen Bedürfnissen gerecht zu werden.[218] Insoweit sind die Beteiligten dazu angehalten, von dem nachträglichen Prüfungsverfahren nach § 14 f AEG Gebrauch zu machen und die strikten Fristenregelungen einzuhalten. Tun sie dies nicht, verstoßen sie im Sinne eines "Verschuldens gegen sich selbst" gegen ihre eigenen Interessen und damit gegen eine Obliegenheit. Insoweit schreibt das BVerwG:[219]

> *"Als zulässiger Rechtsbehelf gegen die von der Klägerin für rechtswidrig gehaltene, ihr rechtzeitig mitgeteilte Auswahlentscheidung standen ihr Widerspruch und verwaltungsgerichtlicher Rechtsschutz gegen die Ablehnung ihrer Bewerbung mit dem Ziel ihrer Auswahl oder jedenfalls einer neuen Auswahlentscheidung zur Verfügung [...]. Unter den festgestellten Umständen ist das Berufungsgericht ohne revisiblen Rechtsfehler davon ausgegangen, daß für den* ***Nichtgebrauch der zulässigen Rechtsbehelfe*** *kein hinreichender Grund bestand, er somit der Klägerin als vorsätzlich oder fahrlässig – hier zu verstehen im Sinne eines zurechenbaren Verstoßes gegen ihr eigenes Interesse (vgl. zur Amtshaftung BGHZ 113, 17:* ***"Verschulden gegen sich selbst"****) – zuzurechnen ist."* [Hervorhebungen nicht im Original]

Ein solches "Verschulden gegen sich selbst" im Sinne einer Obliegenheitsverletzung liegt auch schon dann vor, wenn eine Partei leicht fahrlässig die Frist zur Einlegung eines Rechtsbehelfs versäumt.[220] Umso mehr müssen diese Grundsätze gelten, wenn eine Partei bewusst von einem vom Gesetzgeber vorgesehenen Rechtsbehelf keinen Gebrauch macht, sondern lediglich auf einen anderen, von ihr als vorzugswürdig empfundenen Rechtsbehelf zurückgreifen möchte. Folglich begehen EVU wie EIU eine Obliegenheitsverletzung, wenn sie sich nicht auf den Abschluss von Einzelnutzungsverträgen inkl. der vorab veröffentlichten, fest bezifferten Trassenpreise einigen und

217 Dies gilt selbstverständlich vorbehaltlich der Möglichkeit, Widerspruch gegen die behördliche Entscheidung einzulegen und anschließend eine verwaltungsgerichtliche Anfechtungs- oder Verpflichtungsklage zu erheben.

218 Ebenso *Bredt*, N&R 2009, 235, 236 f.

219 *BVerwG*, Urteil vom 28. Mai 1998, 2 C 29/97, NJW 1998, 3288 Rn. 18 f.

220 Vgl. *BGH*, Urteil vom 15. November 1990, III ZR 302/89, BGHZ 113, 17 Rn. 13; *OVG Rheinland-Pfalz*, Urteil vom 27. August 2007, 2 A 10492/07, NJW 2007, 3224 Rn. 19.

dennoch nicht fristgemäß einen Antrag gemäß § 14 f Abs. 2, 3 AEG bei der Regulierungsbehörde stellen.

Die Rechtsfolge einer Obliegenheitsverletzung in Form eines "Verschuldens gegen sich selbst" ist einzelfallabhängig. Beispielsweise greift nach dem Rechtsgedanken des § 254 Abs. 1 BGB u. U. eine andernfalls bestehende Schadensersatzpflicht nicht ein[221] oder ein Antrag auf Wiedereinsetzung in den vorigen Stand ist abzulehnen.[222] Zudem sind den EVU oder EIU in einem etwaigen Verfahren vor den ordentlichen Gerichte die Einwände abgeschnitten, die in einem Verfahren nach § 14 f Abs. 2, 3 AEG hätten vorgebracht werden können. Jedenfalls dürfen EVU oder EIU keinen Vorteil daraus ziehen, wenn sie bewusst auf die Durchführung des Verfahrens der nachträglichen Prüfung gemäß § 14 f Abs. 2, 3 AEG verzichten und unmittelbar die ordentlichen Gerichte mit einer gerichtlichen Billigkeitskontrolle nach § 315 BGB befassen.[223]

(3) Vorteile eines vorrangigen Zugangs- oder Anschlussverfahrens nach § 14 f Abs. 2, 3 AEG

Neben der Einhaltung des strikten Fristenregimes zur Sicherstellung eines ordnungsgemäßen Eisenbahnbetriebs bietet das Zugangs- oder Anschlussverfahren nach § 14 f Abs. 2, 3 AEG gegenüber einer gerichtlichen Billigkeitskontrolle nach § 315 BGB weitere Vorteile. So gilt – von der Dispositionsbefugnis der Parteien in einem auf Antrag eingeleiteten Verfahren abgesehen – für die Ermittlungen durch die Regulierungsbehörde der allgemeine Grundsatz der Amtsermittlung gemäß § 24 VwVfG.[224] Damit erfolgt die gesamte Durchführung des Verfahrens inkl. der Ermittlung durch eine hierauf spezialisierte Behörde, die über das Personal mit den erforderlichen Spezialkenntnissen verfügt, um kurzfristig entscheiden zu können.

Darüber hinaus vermeidet ein vorrangiges Verfahren der nachträglichen Prüfung nach § 14 f AEG die ansonsten drohende Gefahr widersprüchlicher bzw. divergierender Entscheidungen.[225] Eine Entscheidung der Regulierungsbehörde im Rahmen des Verfahrens nach § 14 f AEG wirkt *inter omnes*, während eine gerichtliche Entscheidung nach § 315 BGB immer nur *inter partes* wirken kann.[226] Eine Überprüfung anhand des § 315 BGB würde letztlich dazu führen, dass sich die Höhe der Trassenpreise danach richten würde, welches Gericht angerufen würde. Da die richterlichen Urteile nach § 315 BGB Einzelfallentscheidungen darstellen, dürften in der Regel die Vor-

221 Vgl. bspw. *BVerwG*, Urteil vom 28. Mai 1998, 2 C 29/97, NJW 1998, 3288 Rn. 16.

222 *OVG Rheinland-Pfalz*, Urteil vom 27. August 2007, 2 A 10492/07, NJW 2007, 3224 Rn. 18.

223 *Bredt*, N&R 2009, 235, 240 mit Hinweis auf die Situation im Rückforderungsprozess.

224 *Gerstner*, in: Beck'scher AEG-Kommentar, § 14 f Rn. 38.

225 Zu der Gefahr widersprüchlicher bzw. divergierender Entscheidungen im Rahmen des § 315 BGB vgl. *LG Berlin*, Urteil vom 17. März 2009, 98 O 25/08, *LG Berlin*, Urteil vom 14. Mai 2009, 93 O 47/08 WuW/E DE-R 2561; *Gerstner*, in: Beck'scher AEG-Kommentar, § 14 Rn. 227.

226 Siehe *LG Berlin*, Urteil vom 13. August 2008, 101 O 67/07; *LG Frankfurt*, Urteil vom 29. Mai 2009, 3/12 O 178/08; *LG Berlin*, Urteil vom 23. Juli 2009, 104 O 95/08; *LG Berlin*, Urteil vom 14. Mai 2009, 93 O 47/08. Ebenso *Makatsch*, IR 2009, 162, 163.

aussetzungen für die Zulassung der Revision nach § 543 Abs. 2 S. 1 ZPO nicht vorliegen.[227] Daher kommt mangels Revisionsfähigkeit eine Klärung durch den BGH in diesen Fällen nicht in Betracht.

(4) Folgen eines vorrangigen Zugangs- oder Anschlussverfahrens nach § 14 f Abs. 2, 3 AEG

Unabhängig davon, ob die EVU ihrer Obliegenheit zur Durchführung eines vorrangigen Zugangs- oder Anschlussverfahrens nach § 14 f Abs. 2, 3 AEG nachkommen, ist es ihnen nicht verwehrt, vor den ordentlichen Gerichten ein Zivilverfahren nach § 315 BGB anzustrengen. Dennoch hat das Verfahren nach § 14 f Abs. 2, 3 AEG erhebliche Auswirkungen auf das Zivilverfahren.

Haben die EVU kein vorrangiges Verfahren nach § 14 f Abs. 2, 3 AEG angestrengt, sind ihnen – wie bereits ausgeführt[228] – in einem Zivilverfahren die Einwände abgeschnitten, die in einem Verfahren nach § 14 f Abs. 2, 3 AEG hätten vorgebracht werden können.[229]

Haben sie dagegen parallel ein Verfahren nach § 14 f Abs. 2, 3 AEG angestrengt, so handelt es sich bei der Entscheidung der Regulierungsbehörde, die über Bestehen und Inhalt des entsprechenden Einzelnutzungs- oder Rahmenvertrages zu befinden hat, um eine Vorfrage, die der Entscheidung des Zivilgerichts i. S. d. § 148 ZPO vorgreiflich ist. Die Regulierungsbehörde entscheidet im Rahmen des Verfahrens nach § 14 f Abs. 2, 3 AEG über die Geltung der Trassennutzungsverträge und damit auch über die Konformität der Trassenpreise mit den eisenbahnrechtlichen Vorgaben. Damit ist die Entscheidung der Zivilgerichte von den Feststellungen der Regulierungsbehörde abhängig i. S. d. § 148 ZPO. Folglich ist das Zivilgericht nach pflichtgemäßem Ermessen gehalten, das anhängige Verfahren zur richterlichen Billigkeitskontrolle nach § 148 ZPO bis zur Entscheidung der Regulierungsbehörde auszusetzen.[230]

Hat die Regulierungsbehörde über die Geltung der Trassennutzungsverträge und die Konformität der Trassenpreise mit den eisenbahnrechtlichen Vorgaben entschieden, so sind die Zivilgerichte aufgrund des Vorrangs des Zugangs- oder Anschlussverfahrens nach § 14 f Abs. 2, 3 AEG an die materielle Beurteilung der Trassenpreise durch die Regulierungsbehörde gebunden. Insoweit konkretisieren die eisenbahnrechtlichen Maßstäbe nach höchstrichterlicher Rechtsprechung gerade den Maßstab der richterlichen Billigkeitskontrolle gemäß § 315 BGB.[231] Deutlich wird dies auch in

227 So auch *KG Berlin*, Urteil vom 9. April 2009, 19 U 21/08; *Bredt/Faßbender*, IR 2009, 142, 143.
228 Siehe dazu bereits oben C.III.2.1 b.bb(2).
229 *LG Frankfurt*, Urteil vom 29. Mai 2009, 3/12 O 178/08.
230 Für die Möglichkeit einer Aussetzung eines Rechtsstreits vor den Zivilgerichten nach § 148 ZPO, wenn ein Rechtsstreit bei der Regulierungsbehörde bzw. nachfolgend bei den Verwaltungsgerichten anhängig ist, siehe auch *OLG Düsseldorf*, Urteil vom 23. Dezember 2003, VI-U (Kart) 22/02, MMR 2004, 247 Rn. 54.
231 *BGH*, Urteil vom 18. Oktober 2005, KZR 36/04, BGHZ 164, 336 Rn. 12 – *Stromnetznutzungsentgelt I*; *BGH*, Urteil vom 7. Februar 2006, KZR 8/05, NJW-RR 2006, 915 Rn. 23 – *Stromnetznutzungsentgelt II*.

der jüngsten Entscheidung "Stromnetznutzungsentgelt III" des Kartellsenats, in der er schreibt:[232]

> *"Die von der Revision aufgeworfene Frage, ob sich die Kontrolle der Angemessenheit des Entgelts auf die Überprüfung der Einhaltung der sich aus § 6 EnWG 2003 in Verbindung mit der Verbändevereinbarung ergebenden Grenzen beschränkt, wenn die Vertragsparteien – wie hier Klägerin und Beklagte – sich auf eine Bestimmung des Netznutzungsentgelts im Rahmen des § 6 EnWG 2003 in Verbindung mit der Verbändevereinbarung Strom II plus geeinigt haben, stellt sich im derzeitigen Stadium des Verfahrens nicht. Werden die Preisfindungsprinzipien der Verbändevereinbarung so angewendet, dass dem Gesetzeszweck bestmöglich Rechnung getragen wird, eine möglichst sichere, preisgünstige und umweltverträgliche leitungsgebundene Stromversorgung und darüber hinaus wirksamen Wettbewerb zu gewährleisten (BGHZ 164, 336, 344f. – Stromnetznutzungsentgelt I),* ***liegt es indessen eher fern, dass es für das hierdurch konkretisierte*** *(BGHZ 164, 336, 341)* ***Billigkeitsurteil im Sinne des § 315 Abs. 1 BGB noch auf weitere, außerhalb des Energiewirtschaftsrechts liegende Faktoren ankommen könnte.****"* [Hervorhebungen nicht im Original]

cc) Sonderfall Gelegenheitsverkehr

Für den Gelegenheitsverkehr gelten insoweit keine Besonderheiten. Zwar werden beim Gelegenheitsverkehr nach § 14 EIBV außerhalb des Netzfahrplans kurzfristig Anträge auf Zuweisung einzelner Zugtrassen gestellt und Einzelnutzungsverträge abgeschlossen. Dennoch werden die Entgelte für die Trassennutzung im Gelegenheitsverkehr zusammen mit den "normalen" Trassenpreisen vorab veröffentlicht.

Die überwiegende Anzahl der EVU, die auf den Gelegenheitsverkehr angewiesen sind, kann den ungefähren Umfang ihrer Tätigkeit im Gelegenheitsverkehr bereits im Vorjahr abschätzen. Sie weiß lediglich nicht, zu welchem genauen Zeitpunkt sie welche konkrete Trasse nutzen möchte. Aus diesem Grund hat der Gesetzgeber die Betreiber von Schienenwegen gerade in § 14 Abs. 4 EIBV dazu verpflichtet, die voraussichtlich erforderliche Schienenwegkapazität für den Gelegenheitsverkehr vorzuhalten.

Unter diesen Umständen ist es den EVU zum einen möglich und zumutbar, bereits vorab eine nachträgliche Prüfung der Regulierungsbehörde nach § 14 f Abs. 1 AEG anzuregen. Außerdem steht ihnen selbst dann noch der Weg des § 14 f Abs. 2, 3 AEG offen, wenn eine Entscheidung der Regulierungsbehörde vor Durchführung der konkreten Trassennutzung im Gelegenheitsverkehr nicht mehr zu erwarten bzw. nicht mehr möglich ist.

Folglich sind die EIU und EVU auch im Gelegenheitsverkehr gehalten, einen Antrag gemäß § 14 f Abs. 2, 3 AEG bei der Regulierungsbehörde zu stellen. Dies gilt

232 *BGH*, Urteil vom 4. März 2008, KZR 29/06, NJW 2008, 2175 Rn. 30 – *Stromnetznutzungsentgelt III.*

unabhängig davon, ob es möglich ist, ein Verfahren nach § 14 f Abs. 2, 3 AEG bereits vor der eigentlichen Inanspruchnahme der Trasse durch das EVU durchzuführen. § 14 f Abs. 2, 3 AEG setzt nicht voraus, dass das Verfahren bis zur Trassennutzung abgeschlossen ist. Erklärt das EVU bspw. einen Vorbehalt hinsichtlich der Angemessenheit der Entgelte oder hinterlegt es den entsprechenden Betrag bis zu einer behördlichen oder gerichtlichen Überprüfung, so darf der Betreiber von Schienenwegen dem antragstellenden EVU nicht die Trassennutzung selbst untersagen. Gleichzeitig sind die Voraussetzungen des Verfahrens nach § 14 f Abs. 2, 3 AEG erfüllt und die Regulierungsbehörde kann *ex post* die angemessene Höhe der Trassenpreise festsetzen.

Insoweit gewährt das Zugangs- oder Anschlussverfahren nach § 14 f Abs. 2, 3 AEG auch antragstellenden EVU im Gelegenheitsverkehr hinreichenden Rechtsschutz. Damit aber begehen EVU wie EIU auch dann eine Obliegenheitsverletzung, wenn sie sich bei unterjährigen Trassenanmeldungen im Gelegenheitsverkehr nicht auf die vorab veröffentlichten, fest bezifferten Trassenpreise einigen und dennoch keinen Antrag gemäß § 14 f Abs. 2, 3 AEG bei der Regulierungsbehörde stellen.

c) Zwischenergebnis

Eine analoge Anwendung des § 315 BGB auf die Trassenpreise der DB Netz AG unter Berufung auf die Monopolrechtsprechung ist abzulehnen. Mangels planwidriger Regelungslücke ist für eine analoge Anwendung des § 315 BGB kein Raum. Insoweit hat der Gesetzgeber zwar nicht mit dem Vorabprüfungsverfahren nach § 14 e AEG, wohl aber mit dem *inter omnes* wirkenden Verfahren der nachträglichen Prüfung nach § 14 f Abs. 2, 3 AEG (sog. Zugangs- oder Anschlussverfahren) einen gegenüber dem lediglich *inter partes* wirkenden Rechtsbehelf für Auseinandersetzungen über die Entgeltgrundsätze und Entgelthöhen vorgesehen, der § 315 BGB vorrangig ist.

Das Zugangs- oder Anschlussverfahren gemäß § 14 f Abs. 2, 3 AEG schließt zwar nicht von vornherein den Zivilrechtsweg aus. EVU wie EIU sind aber im Sinne einer Obliegenheit gehalten, das Verfahren des § 14 f Abs. 2, 3 AEG vor der Regulierungsbehörde und gegebenenfalls den sich daran anschließenden Verwaltungsrechtsweg zu beschreiten. Andernfalls sind ihnen in einem Verfahren vor den Zivilgerichten die Einwände abgeschnitten, die im Verfahren nach § 14 f Abs. 2, 3 AEG vor der Regulierungsbehörden hätten vorgebracht werden können.

Wird parallel zu dem Verfahren nach § 14 f Abs. 2, 3 AEG ein Verfahren vor den ordentlichen Gerichten gemäß § 315 BGB angestrengt, so sind diese gemäß § 148 ZPO gehalten, das anhängige Verfahren bis zu einer Entscheidung der Regulierungsbehörde bzw. der Verwaltungsgerichte auszusetzen. Infolge des durch die eisenbahnrechtlichen Normen konkretisierten Billigkeitsmaßstabs des § 315 BGB dürfen die ordentlichen Gerichte keine davon abweichende Entscheidung hinsichtlich der Entgelte treffen.

Keine Besonderheiten gelten insoweit für den Gelegenheitsverkehr. Auch für den Gelegenheitsverkehr steht der Weg des § 14 f Abs. 2, 3 AEG offen, selbst wenn eine Entscheidung vor Durchführung der konkreten Trassennutzung im Gelegenheitsverkehr nicht mehr möglich ist. Insoweit ist es den Betreibern von Schienenwegen bei

Hinterlegung des geforderten Betrags durch die EVU verwehrt, ihnen den Zugang zu den Schienennetzen zu verweigern.

2.2 Tatbestandsvoraussetzungen der Monopolrechtsprechung

Eine Erweiterung der Monopolrechtsprechung zu § 315 BGB auf den Eisenbahnsektor ist – wie oben ausgeführt[233] – bereits wegen fehlender Analogievoraussetzungen abzulehnen. Für den Fall, dass sich die Rechtsprechung dennoch über diese methodischen Bedenken hinwegsetzen und § 315 BGB analog anwenden wollte, ist im Folgenden zu prüfen, ob die tatbestandlichen Voraussetzungen der Monopolrechtsprechung in Bezug auf die Trassenpreise der DB Netz AG erfüllt sind.

Nach der ständigen und formelhaft zitierten Monopolrechtsprechung ist eine analoge Anwendung des § 315 BGB auf Tarife von Unternehmen möglich, die – im Rahmen eines privatrechtlich ausgestalteten Benutzungsverhältnisses – Leistungen der Daseinsvorsorge anbieten, auf deren Inanspruchnahme der andere Vertragsteil im Bedarfsfall angewiesen ist.[234]

a) "Angewiesensein" (Monopolstellung oder Anschluss- und Benutzungszwang)

Das Kriterium des Angewiesenseins ist aus Sicht der Rechtsprechung immer dann erfüllt, wenn der Kunde keine Ausweichmöglichkeit auf konkurrierende Anbieter hat.[235] Gleiches gilt für die Fälle des Anschluss- und Benutzungszwangs, in denen der Kunde der einseitigen Preisfestsetzung des Versorgungsunternehmens nicht durch Wahl eines anderen, konkurrierenden Anbieters entgehen kann.[236]

Das Schienennetz der DB Netz AG stellt ein natürliches Monopol dar.[237] Aufgrund der hohen Investitionskosten und des erheblichen Landverbrauchs ist es weder ökonomisch noch ökologisch sinnvoll oder möglich, die bestehenden Schienennetze zu

233 Siehe dazu bereits oben C.II.3.

234 Siehe dazu nur *BGH*, Teilurteil vom 29. April 2008, KZR 2/07, BGHZ 176, 244 Rn. 12 – *Erdgassondervertrag*; *BGH*, Urteil vom 19. November 2008, VIII ZR 138/07, NJW 2009, 502 Rn. 18 mit Verweis auf die st. Rspr., u. a. *BGH*, Urteil vom 19. Dezember 1978, VI ZR 43/77, BGHZ 73, 114 Rn. 35; *BGH*, Urteil vom 4. Dezember 1986, VII ZR 77/86, NJW 1987, 1828 Rn. 12; *BGH*, Urteil vom 10. Oktober 1991, III ZR 100/90, BGHZ 115, 311 Rn. 22; *BGH*, Urteil vom 30. April 2003, VIII ZR 279/02, NJW 2003, 3131; *BGH*, Urteil vom 5. Juli 2005, X ZR 60/04, NJW 2005, 2919 Rn. 11; *BGH*, Urteil vom 21. September 2005, VIII ZR 7/05, NJW – RR 2006, 133 Rn. 22; *BGH*, Urteil vom 11. Oktober 2006, VIII ZR 270/05, NJW 2007, 210 Rn. 19; *BGH*, Urteil vom 28. März 2007, VIII ZR 144/06, NJW 2007, 1672 Rn. 17. Siehe dazu bereits oben C.II.3.1.

235 Dazu siehe bereits oben C.II.3.

236 *BGH*, Urteil vom 5. Juli 2005, X ZR 60/04, NJW 2005, 2919 Rn. 11.

237 Erwägungsgrund 40 der Richtlinie 2001/14/EG. So bspw. auch *Basedow*, in: Immenga/Mestmäcker, Bd. 1 EG/Teil 2, VII. Abschnitt Verkehr, B. Binnenverkehr, I. Besondere Marktordnungen Rn. 9; *Möstl*, in: Maunz/Dürig, GG, Art. 87 e Rn. 113 m. w. N.; *Pielow*, JuS 2006, 692, 694; *Theobald*, NJW 2003, 324 ff. *Theobald/Hummel*, N&R 2004, 2, 3 sprechen von einem "weitgehend natürlichen Monopol".

duplizieren.[238] Der hohe Investitionsaufwand kann aus der Bewirtschaftung des Schienennetzes allein nicht gedeckt werden.[239] Es besteht daher aus Sicht potenzieller Betreiber von Schienennetzen – von einigen lokalen Ausnahmen abgesehen – keine ernstzunehmende Marktzutrittsmöglichkeit. Eine (natürliche) Monopolstellung der DB Netz AG ist folglich das Ergebnis ökonomischer Analysen von Netzwirtschaften. Nur durch eine (natürliche) Monopolstellung wird die Vergeudung von Ressourcen verhindert.[240]

Aufgrund dieses natürlichen Monopols ist ein funktionierender Wettbewerb im Netzbereich nicht möglich. EVU sind für ihre Tätigkeit auf den nachgelagerten Eisenbahnverkehrsmärkten auf den Zugang zu dem Schienennetz der DB Netz AG angewiesen.[241] Hinreichende Substitutionsmöglichkeiten durch Ausweichen auf Beförderung per Straße oder Fluss bestehen nicht.[242] Insoweit kommt es auf die EVU als relevante Nachfrager von Leistungen der Eisenbahninfrastruktur an. Daher liegt die erste Voraussetzung der Monopolrechtsprechung vor.[243]

b) Leistungen der Daseinsvorsorge

Zweite Voraussetzung für die Übertragbarkeit der Monopolrechtsprechung auf die Trassenpreise der DB Netz AG ist, dass die DB Netz AG mit der Bereitstellung ihres Schienennetzes Leistungen der Daseinsvorsorge erbringt. Dabei ist höchst unklar, was aus Sicht der Rechtsprechung und der Literatur unter Daseinsvorsorge zu verstehen ist.[244] Maßgebliche Ursache dafür ist, dass der Ende der 1930er-Jahre von *Forsthoff* eingeführte Begriff dogmatisch unscharf ist.[245]

Ursprünglich wurde unter Daseinsvorsorge die Darbringung von Leistungen, auf die der Mensch lebensnotwendig angewiesen ist, verstanden.[246] Diese Formulierung ist jüngst von der Rechtsprechung unter Berufung auf Literaturstimmen als "Sicherung einer Mindestversorgung der Bevölkerung" oder als "Vorrang der Wahrung elemen-

238 *Möstl*, in: Maunz/Dürig, GG, Art. 87 e Rn. 113 m. w. N.; *Pielow*, JuS 2006, 692, 694; *Theobald/Hummel*, N&R 2004, 2, 3.
239 *Möstl*, in: Maunz/Dürig, GG, Art. 87 e Rn. 113.
240 Siehe hierzu *Theobald/Hummel*, N&R 2004, 2 ff.
241 Das Angewiesensein auf die Schienennetzinfrastruktur ist gerade Ursache dafür, dass der Gesetzgeber den EVU im Rahmen eines privatwirtschaftlich ausgestalteten Benutzungsverhältnisses einen gesetzlichen Anspruch auf diskriminierungsfreien Zugang gewährt, § 14 Abs. 1 AEG.
242 So geht der BGH bereits davon aus, dass innerhalb des Gesamtmarktes für Dienstleistungen des öffentlichen Personennahverkehrs (im Folgenden: "ÖPNV") der Schienenpersonennahverkehr und der öffentliche Straßenpersonennahverkehr getrennte Märkte bilden, vgl. *BGH*, Beschluss vom 7. Februar 2006, KVR 5/05, BGHZ 166, 165 Rn. 23 – *DB Regio/üstra*.
243 Im Rahmen des Angewiesenseins ist es unerheblich, dass sich mit EVU und DB Netz AG horizontal zwei Unternehmen und nicht vertikal Unternehmen und Endverbraucher bzw. Kunde gegenüberstehen.
244 Ausführlich dazu *Krajewski*, VerwArch 2008, 174 ff. passim. Zur Bedeutung des Begriffs der Daseinsvorsorge für den Bereich der Netzwirtschaften siehe auch *Pielow*, JuS 2006, 692 ff.
245 *Krajewski*, VerwArch 2008, 174, 177.
246 Vgl. *Krajewski*, VerwArch 2008, 174, 176 mit Verweis auf *Forsthoff*, Die Verwaltung als Leistungsträger, 1938, S. 7.

tarer Rechtsgüter" aufgegriffen worden.[247] Zu diesen Leistungen zählt man allgemein die Versorgung mit Wasser, Gas und Elektrizität, Post, Telefonie, Telegraphie, öffentliche Bäder und auch die Verkehrsmittel. Im Laufe der Entwicklung des Begriffs der Daseinsvorsorge ist allerdings deutlich geworden, dass – nicht zuletzt angesichts der in den meisten dieser vormals rein monopolistischen Bereichen eingetretenen Liberalisierung – eine abschließende und unveränderbare Auflistung nicht möglich ist. Gerade in Bezug auf Verkehrsmittel unterliegen Inhalt und Reichweite des Begriffs der Daseinsvorsorge folglich erheblichen Schwankungen, die sich auch in der Rechtsprechung niederschlagen.

aa) "Unmittelbare" Daseinsvorsorge

Anders als aus öffentlich-rechtlicher Sicht ist im Zivilrecht im Hinblick auf die unterschiedlichen Vertragsverhältnisse zwischen "unmittelbarer" und "mittelbarer" Daseinsvorsorge zu unterscheiden.[248] Zu der "unmittelbaren" Daseinsvorsorge gehören nur solche Fälle, in denen Endverbraucher mit Anbietern von Leistungen der Daseinsvorsorge in direktem vertraglichen Kontakt stehen. Ist dagegen eine vorgelagerte Ebene betroffen, in denen zwei kommerziell tätige Unternehmen die Voraussetzungen dafür schaffen, dass auf der nachgelagerten Ebene Leistungen der Daseinsvorsorge erbracht werden können, ist dies als "mittelbare" Daseinsvorsorge zu bezeichnen.

(1) Verkehrsdienstleistungen

Die DB Netz AG erbringt im Verhältnis zu den EVU keine Verkehrsdienstleistungen. Leistungen des Schienenpersonennahverkehrs (im Folgenden: "SPNV") wie auch des Fern- oder Güterverkehrs werden von den EVU gegenüber Bahnkunden und nicht von den EIU gegenüber den EVU erbracht. EIU stellen lediglich die Schienennetze und Serviceeinrichtungen zur Verfügung, um den EVU kommerzielle Verkehrsdienstleistungen auf den nachgelagerten Eisenbahnverkehrsmärkten zu ermöglichen.

Die DB Netz AG und die EVU stehen sich in diesem Vertragsverhältnis folglich als zwei kommerziell tätige Unternehmen gegenüber. Der Endverbraucher oder Bahnkunde ist an diesem Vertragsverhältnis nicht beteiligt. Deshalb liegt eine "unmittelbare" Daseinsvorsorge gegenüber Endverbrauchern nicht vor.[249]

247 *Sächsisches LAG*, Urteil vom 2. November 2007, 7 SaGa 19/07, NZA 2008, 59 Rn. 176.

248 So auch *BGH*, Urteil vom 4. März 2008, KZR 29/06, NJW 2008, 2175 Rn. 23 f. – *Stromnetznutzungsentgelt III*.

249 Offen gelassen durch *LG Düsseldorf*, Urteil vom 25. März 2009, 34 O (Kart) 123/08.

(2) Errichtung bzw. Instandhaltung der Verkehrsinfrastruktur

Fraglich ist aber, ob die Bereitstellung der Schienennetze und Serviceeinrichtungen selbst eine Tätigkeit ist, die zur "unmittelbaren" Daseinsvorsorge zu zählen ist. So hat die Rechtsprechung entschieden, dass innerhalb des Verkehrsbereichs gewisse Maßnahmen der Errichtung und Instandhaltung der Verkehrsinfrastruktur von den Verkehrsdienstleistungen zu unterscheiden und selbst als Maßnahmen der Daseinsvorsorge anzusehen sind – bspw. die Planung und Durchführung eines Straßenbauvorhabens,[250] die Straßenwidmung,[251] die Wege- und Straßensicherheit,[252] die Straßenbeleuchtung[253] sowie der Betrieb eines öffentlichen Parkplatzes[254] oder Flughafens.[255] Zählt bereits der Betrieb eines Großflughafens nach Ansicht der Rechtsprechung zu den unverzichtbaren Einrichtungen der Daseinsvorsorge, so spricht *prima facie* einiges dafür, dass auch der Betrieb des Schienennetzes durch die DB Netz AG als "unmittelbare" Aufgabe der Daseinsvorsorge anzusehen ist.

Ein solches Verständnis der "unmittelbaren" Daseinsvorsorge ist allerdings ersichtlich öffentlich-rechtlich geprägt und lässt sich nicht auf den von der Monopolrechtsprechung verwendeten zivilrechtlichen Begriff der Daseinsvorsorge übertragen.[256] Einer Übertragung steht insbesondere entgegen, dass die Pflicht eines privatwirtschaftlich tätigen Monopolunternehmens zur Errichtung und Instandhaltung der Verkehrsinfrastruktur in öffentlich-rechtlicher Hinsicht gegenüber dem Staat besteht, der dadurch seiner eigenen sozialstaatlichen Verantwortung gerecht wird. Davon ist die nachgelagerte, privatrechtlich ausgestaltete Nutzung der Verkehrsinfrastruktur durch Verkehrsunternehmen jedoch nur reflexartig und mittelbar betroffen.

Der von der Monopolrechtsprechung geprägte zivilrechtliche Begriff der Daseinsvorsorge setzt an der eingeschränkten Privatautonomie und fehlenden Verhandlungsparität zwischen Endverbrauchern und übermächtigen Versorgungsunternehmen an. Er zielt damit auf Leistungen ab, auf die die Endverbraucher zur Deckung ihrer Mindestbedürfnisse im horizontalen Verhältnis zu Versorgungsunternehmen angewiesen sind. Eine Charakterisierung als Daseinsvorsorge im öffentlich-rechtlichen Sinn führt

250 *OLG Bamberg*, Urteil vom 10. Dezember 2007, 4 U 38/06, BauR 2008, 1174 Rn. 61.

251 *BVerwG*, Urteil vom 28. Juli 1989, 7 C 65/88, BVerwGE 82, 266 Rn. 7.

252 *BGH*, Urteil vom 18. Dezember 1972, III ZR 121/70, BGHZ 60, 54 Rn. 11. Insoweit schreibt der BGH wörtlich: *"Die Sorge für die Sicherheit der öffentlichen Wege und Straßen dient lebenswichtigen Bedürfnissen der Gemeinschaft und gehört daher zum Bereich der Daseinsvorsorge".*

253 *VGH Baden-Württemberg*, Beschluss vom 14. Februar 2007, 2 S 2626/06, NVwZ-RR 2008, 228 Rn. 4, 17.

254 *BGH*, Urteil vom 16. November 1990, V ZR 297/89, NJW 1991, 564 Rn. 8.

255 *BGH*, Urteil vom 18. Oktober 2007, III ZR 277/06, NVwZ 2008, 110 Rn. 24; *OLG Frankfurt*, Beschluss vom 30. August 1996, 1 HEs 191/96, 1 WS 96, 97/96, NStZ 1997, 200, 201.

256 Insoweit ebenfalls zweifelnd, ob es sich bei der Zurverfügungstellung von Schienennetzen um eine Leistung der unmittelbaren Daseinsvorsorge handelt *LG Berlin*, Urteil vom 13. August 2008, 101 O 67/07.

daher nicht notwendig dazu, dass eine Leistung auch im zivilrechtlichen Verständnis der Monopolrechtsprechung als Aufgabe der Daseinsvorsorge anzusehen ist.[257]

Selbst eine denkbare Charakterisierung der Errichtung und Instandhaltung des Schienennetzes der DB Netz AG als Aufgabe der öffentlich-rechtlichen Daseinsvorsorge hat daher nicht notwendig zur Folge, dass dessen Bereitstellung für EVU im Rahmen von privatrechtlichen Trassennutzungsverträgen als zivilrechtliche Daseinsvorsorge im Sinne der Monopolrechtsprechung anzusehen ist. Dagegen spricht, dass letztere an dem Abhängigkeitsverhältnis des Endverbrauchers von dem Versorgungsunternehmen ansetzt und gerade nicht die Ausgestaltung öffentlich-rechtlicher Pflichten zur Versorgungssicherheit betrifft. Daher kann aus der Rechtsprechung zur Errichtung und Instandhaltung von Verkehrsinfrastruktur nicht abgeleitet werden, dass die Bereitstellung des Schienennetzes der DB Netz AG zu dem Bereich der "unmittelbaren" Daseinsvorsorge i. S. d. Monopolrechtsprechung zählt.

(3) Zwischenergebnis

Mit Bereitstellung des Schienennetzes zur Nutzung durch EVU nimmt die DB Netz AG keine Aufgabe der "unmittelbaren" Daseinsvorsorge i. S. d. Monopolrechtsprechung wahr. So erbringt die DB Netz AG zum einen gegenüber den EVU selbst keine Eisenbahnverkehrsdienstleistungen. Vielmehr betrifft dieses Vertragsverhältnis lediglich die vorgelagerte Frage des Zugangs zu dem Schienennetz der DB Netz AG und damit den vorgelagerten Infrastrukturmarkt und nicht die nachgelagerten Eisenbahnverkehrsmärkte. Die auf dem vorgelagerten Infrastrukturmarkt erbrachten Leistungen dienen jedenfalls nicht unmittelbar der Grundversorgung der Bevölkerung.

Zudem ist auch nicht die öffentlich-rechtliche Pflicht zur Errichtung bzw. Instandhaltung der Verkehrsinfrastruktur betroffen. Vielmehr geht es ausschließlich um die privatrechtliche Nutzung des Schienennetzes der DB Netz AG durch EVU. Insofern ist der öffentlich-rechtliche Begriff der Daseinsvorsorge nicht auf das Verständnis der zivilrechtlichen Daseinsvorsorge i. S. d. Monopolrechtsprechung zu übertragen.

Mithin erbringt die DB Netz AG gegenüber den EVU mangels "unmittelbarer" Daseinsvorsorge keine Leistungen, die die Voraussetzungen der Monopolrechtsprechung erfüllen würden. Eine Anwendung des § 315 BGB auf die Trassenpreise der DB Netz AG unter Berufung auf die bisherige Monopolrechtsprechung ist daher nicht möglich.

bb) "Mittelbare" Daseinsvorsorge

Wird eine "unmittelbare" Daseinsvorsorge abgelehnt, stellt sich die Frage, ob es für die Anwendung des § 315 BGB im Rahmen der Monopolrechtsprechung ausreicht,

257 *Krajewski*, VerwArch 2008, 174, 194 weist in diesem Zusammenhang darauf hin, dass zwischen der Bestimmung einer Aufgabe als Daseinsvorsorge und den gesetzlich festgelegten Anforderungen kein zwingender Zusammenhang besteht. So könne sich die Charakterisierung als Daseinsvorsorge auch mit anderen Rechtsfolgen kombinieren lassen.

wenn die EIU Leistungen erbringen, ohne die die EVU nicht in der Lage sind, auf den nachgelagerten Eisenbahnverkehrsmärkten Leistungen der unmittelbaren Daseinsvorsorge gegenüber Bahnnutzern zu erbringen.

(1) Entwicklung des Konzepts der "mittelbaren" Daseinsvorsorge

Ursprünglich verneinten die Instanzgerichte die Übertragbarkeit der Monopolrechtsprechung auf Fälle, in denen sich zwei Handelsgesellschaften – Netzbetreiber und gewerblicher Netznutzer – gegenüberstanden.[258] Insoweit seien die Grundsätze, die auf die besondere Situation des für sein Dasein auf bestimmte Leistungen und Waren angewiesenen Einzelnen Rücksicht nehmen, wegen der nicht vergleichbaren Interessenlage nicht auf den Streit von zwei Handelsgesellschaften über die Angemessenheit der zwischen ihnen jedenfalls im Ansatz ausgehandelten Preise übertragbar.[259]

Bereits in seiner Entscheidung "Stromnetznutzungsentgelt II" wendete der BGH § 315 BGB jedoch an, ohne die vom Berufungsgericht aufgeworfene Frage der Daseinsvorsorge ausdrücklich zu thematisieren.[260] Erst in der Entscheidung "Stromnetznutzungsentgelt III" vom 4. März 2008 sah sich der Kartellsenat zur Abgrenzung von der Rechtsprechung des VIII. Zivilsenats genötigt, ausdrücklich auf das Kriterium der Daseinsvorsorge einzugehen. Dort schreibt er:[261]

> *"Nach der Rechtsprechung des VIII. Zivilsenats des Bundesgerichtshofs ist allerdings auch bei einem gesetzlichen Preisbestimmungsrecht eine etwaige Unbilligkeit eines bei Vertragschluss vereinbarten (oder durch vorbehaltlose Fortsetzung des Vertragsverhältnisses zum vereinbarten Preis gewordenen) Preises nicht zu prüfen und selbst bei der Nachprüfung eines erhöhten Preises nicht zu berücksichtigen (BGH NJW 2007, 2540 Tz. 29, 36). Diese Rechtsprechung beansprucht jedoch ausdrücklich keine Geltung für den Fall, dass bei* ***Leistungen der Daseinsvorsorge*** *wegen einer Monopolstellung des Versorgers oder wegen eines Anschluss- und Benutzungszwanges eine Überprüfung der Billigkeit des Preises in entsprechender Anwendung des § 315 Abs. 3 BGB geboten ist (aaO Tz. 33-36). Sie ist auch bei einem* ***Netznutzungsvertrag*** *nicht anzuwenden, bei welchem dem Netzbetreiber das Recht zusteht, das Netznutzungsentgelt nach billigem Ermessen festzusetzen.*

258 Vgl. z. B. *OLG Stuttgart*, Urteil vom 17. Februar 2005, 2 U 84/04, ZNER 2005, 71 Rn. 39 (nachgehend: *BGH*, Urteil vom 7. Februar 2006, KZR 8/05, NJW-RR 2006, 915 – *Stromnetznutzungsentgelt II*); *OLG Karlsruhe*, Urteil vom 27. Oktober 2004, 6 U 22/04, ZNER 2004, 397 (nachgehend: *BGH*, Urteil vom 18. Oktober 2005, KZR 36/04, BGHZ 164, 336 – *Stromnetznutzungsentgelt I*); *LG Berlin*, Urteil vom 9. August 2005, 102 O 19/05 Kart, WuW/E DE-R 1664.

259 *OLG Stuttgart*, Urteil vom 17. Februar 2005, 2 U 84/04, ZNER 2005, 71 Rn. 39.

260 *BGH*, Urteil vom 7. Februar 2006, KZR 8/05, NJW-RR 2006, 915 Rn. 9 ff. – *Stromnetznutzungsentgelt II.*

261 *BGH*, Urteil vom 4. März 2008, KZR 29/06, NJW 2008, 2175 Rn. 23 f. – *Stromnetznutzungsentgelt III.*

Denn auch in dieser Konstellation tragen das Leistungsbestimmungsrecht und die damit verbundene Nachprüfungsmöglichkeit gerade dem Umstand Rechnung, dass der Netzbetreiber typischerweise ein Monopol innehat und seine Preisbildung daher, anders als es der VIII. Zivilsenat für den von ihm zu beurteilenden Sachverhalt angenommen hat, nicht durch den Wettbewerb kontrolliert wird. Auf die Nutzung des Netzes ist der Nutzer ***nicht weniger angewiesen****, als dies bei Leistungen der Daseinsvorsorge typischerweise der Fall ist; zudem dient sie letztlich der Stromversorgung und damit* ***mittelbar der Daseinsvorsorge****."* [Hervorhebungen nicht im Original]

Aus dem Kriterium des Angewiesenseins des Netznutzers auf die Leistung des Netzbetreibers schließt der Kartellsenat, dass die Voraussetzungen der Monopolrechtsprechung erfüllt sind und somit im konkreten Fall kein Konflikt mit dem VIII. Zivilsenat besteht, der zu einer Vorlage an den Großen Senat hätte führen müssen. Damit impliziert der Kartellsenat, dass das Kriterium der Daseinsvorsorge für die Anwendung der Monopolrechtsprechung solange keine Rolle spielt, wie der Netznutzer auf den Netzbetreiber nur genauso angewiesen ist, wie das bei Leistungen der Daseinsvorsorge typischerweise der Fall ist. Er verweigert damit dem Kriterium der ("unmittelbaren") Daseinsvorsorge jegliche eigenständige Bedeutung neben dem Kriterium des Angewiesenseins.

Durch diesen "Kunstgriff" versucht er, entgegen der ständigen Rechtsprechung die zwingenden Kriterien der Monopolrechtsprechung zu lockern und deren Anwendungsbereich für eine wesentlich weitere Kategorie von Fällen zu öffnen. Um eine offene Konfrontation mit der Monopolrechtsprechung zu vermeiden, fügt der Kartellsenat aber den Nachsatz an, dass die Netznutzung letztlich der Stromversorgung und damit "mittelbar" der Daseinsvorsorge dient. Nach der bisherigen ständigen Rechtsprechung hätte selbst dies jedoch nicht für die Anwendung der Monopolrechtsprechung ausgereicht.

Der Sache nach greift der Kartellsenat damit auf die Voraussetzungen der alten "Monopolpreisrechtsprechung" zu § 138 BGB zurück, nach der allein die Monopolstellung eines Anbieters für eine Preiskontrolle ausreicht, ohne dies allerdings offen zu bekennen.[262] Daran ändert es auch nichts, wenn er als zusätzliches Argument anführt, dass die Stromnetznutzung durch Stromunternehmen selbst "mittelbar" der Daseinsvorsorge dient.

(2) Kritik

Die "Aufweichung" der Monopolrechtsprechung durch vollständigen Verzicht auf das Kriterium der Daseinsvorsorge oder durch Einführung eines Konzepts der "mittelbaren" Daseinsvorsorge ist abzulehnen. Die analoge Anwendung des § 315 BGB auf die Preisanpassungen von Ver- und Entsorgungsunternehmen im Rahmen der Monopolrechtsprechung stellt bereits selbst eine weitgehende Ausnahme vom Grundsatz der

262 Siehe dazu bereits oben C.I.1.1.

Privatautonomie und damit vom Primat des Vertrages dar. Als solche ist sie nach allgemeinen Grundsätzen eng auszulegen. Eine Ausweitung der Monopolrechtsprechung auf Fälle der bloß "mittelbaren" Daseinsvorsorge verstößt somit unmittelbar gegen die unserer Rechtsordnung zugrunde liegenden Grundsätze. Sie steht überdies in offenem Konflikt zur bisherigen ständigen Rechtsprechung.

Zudem fehlt einer Erstreckung der Monopolrechtsprechung auf Fälle der bloß "mittelbaren" Daseinsvorsorge jegliche methodische Rechtfertigung. War es bereits fehlerhaft, die Analogievoraussetzungen zu § 315 BGB im Rahmen der Monopolrechtsprechung nicht im Einzelnen geprüft zu haben,[263] so fehlt es erst recht an einer Rechtfertigung dafür, die Monopolrechtsprechung auf andere Fallgruppen zu erstrecken und dabei auf bislang als zwingend angesehene Kriterien zu verzichten. Gerade dies macht der Kartellsenat aber in seiner Entscheidung "Stromnetznutzungsentgelt III".

Schließlich führt eine Erweiterung der Monopolrechtsprechung auf Fälle der bloß "mittelbaren" Daseinsvorsorge auch der Sache nach zu unerwünschten Ergebnissen. So wäre jede im Zusammenhang mit einer Aufgabe der Daseinsvorsorge erbrachte Leistung auf vorgelagerten Märkten selbst als eine solche der Daseinsvorsorge anzusehen. Sämtliche Verträge zwischen monopolistischen Zulieferbetrieben und der Deutsche Bahn AG, auf deren Leistung die Deutsche Bahn AG angewiesen ist, wären bspw. der gerichtlichen Billigkeitskontrolle gemäß § 315 BGB unterworfen. Das ausdifferenzierte System des deutschen Vertragsrechts mit seinen austarierten, allgemeinen und sektorspezifischen Kontrollmöglichkeiten würde dadurch hinfällig.

(3) Übertragbarkeit auf den Eisenbahnsektor?

Folgt man trotz aller Bedenken dem Kartellsenat und erweitert die Monopolrechtsprechung grundsätzlich auf Fälle der "mittelbaren" Daseinsvorsorge, so ist dennoch höchst fraglich, ob die Trassenpreise der DB Netz AG der richterlichen Billigkeitskontrolle analog § 315 BGB unterworfen sind.[264]

263 Siehe dazu bereits oben C.II.3.2.

264 Ablehnend bspw. *LG Frankfurt am Main*, Urteil vom 29. Mai 2009, 3/12 O 178/08, das darauf hinweist, dass lediglich die Aufgabenträger nach § 1 Abs. 2 RegG, nicht aber die DB Netz AG Verpflichtete der Daseinsvorsorge sind. Zweifelnd auch *KG Berlin*, Urteil vom 9. April 2009, 19 U 21/08. Das KG schreibt: *„Vorliegend ist aber schon fraglich, ob es sich bei den von der Beklagten gegenüber der Klägerin erbrachten Leistungen um solche zur Daseinsvorsorge handelt. Es ist dabei nicht problematisch, dass der Schienenpersonennahverkehr zur Daseinsvorsorge zählt. Bei der Einräumung der Nutzung der Eisenbahntrassen handelt es sich hingegen um eine Vorstufe, die der Klägerin ihrerseits die Erbringung von Leistungen zur Daseinsvorsorge – die von ihr durchgeführte Personenbeförderung – erst ermöglichen soll.“*.

(a) "Mittelbare" Daseinsvorsorge in Bezug auf den Fern- und Güterverkehr?

Eine analoge Anwendung des § 315 BGB dürfte allenfalls dort in Betracht kommen, wo die EVU auf den nachgelagerten Eisenbahnverkehrsmärkten tatsächlich Leistungen der Daseinsvorsorge gegenüber Endverbrauchern erbringen.

Allgemein anerkannt ist, dass die Erbringung von Verkehrsleistungen im öffentlichen Personennahverkehr (im Folgenden: "ÖPNV") zur Daseinsvorsorge zählt.[265] Dies ist inzwischen in § 1 RegG und in den meisten ÖPNV-Gesetzen der Länder gesetzlich verankert.[266] Zum ÖPNV gehört auch der SPNV. Dieser ist in § 2 Abs. 5 S. 1 AEG definiert als die allgemein zugängliche Beförderung von Personen in Zügen, die überwiegend dazu bestimmt sind, die Verkehrsnachfrage im Stadt-, Vorort- oder Regionalverkehr zu befriedigen. § 2 Abs. 5 S. 2 AEG enthält eine Zweifelsfallregelung, nach der das dann der Fall ist, wenn in der Mehrzahl der Beförderungsfälle eines Zuges die gesamte Reiseweite 50 Kilometer oder die gesamte Reisezeit eine Stunde nicht übersteigt.[267]

Infolge der oft unklaren Entscheidungspraxis der Gerichte ist weniger eindeutig, ob der Fernverkehr als Teil der Daseinsvorsorge zu qualifizieren ist. So schien das BVerwG – allerdings ohne zwischen SPNV, Fernverkehr oder Güterverkehr zu unterscheiden – vor dem Zeitpunkt der Bahnprivatisierung insgesamt davon auszugehen, dass der Betrieb der Deutschen Bundesbahn Aufgaben der Daseinsvorsorge erfüllt.[268] Ob dies auch nach der Bahnprivatisierung noch der Fall ist, ist innerhalb der Rechtsprechung umstritten.[269] So geht der 2. Strafsenat des BGH unter Berufung auf eine Entscheidung des 5. Strafsenats vom 10. Oktober 1958[270] davon aus, dass der gesamte auf die Deutsche Bahn AG übergegangene Aufgabenbereich als Aufgabe der Daseinsvorsorge anzusehen ist.[271] Demgegenüber lehnt die zivil- und verwaltungsgerichtliche Rechtsprechung eine solche pauschale Auffassung ab. So gehört aus Sicht des BayVGH nur die Sicherung der Existenz und des Standards des Eisenbahnverkehrsnetzes im Interesse der Allgemeinheit zur Daseinsvorsorge.[272] Aus Sicht des OLG Hamburg sind die Eisenbahnunternehmen infolge der Privatisierung sogar ganz aus der Pflicht zur Daseinsvorsorge herausgenommen.[273] In der überwiegenden Zahl der Entscheidungen wird diese Frage jedoch gar nicht thematisiert, da lediglich der

265 Siehe bereits *BVerwG*, Urteil vom 15. März 1989, 7 C 42/87, BVerwGE 81, 312 Rn. 8 f. bzgl. der Schülerbeförderung im ÖPNV. Vgl. auch *Krajewski*, VerwArch 2008, 174, 183; *Tödtmann/ Schauer*, NVwZ 2008, 1, 2.

266 § 1 Abs. 1 RegG lautet: "Die Sicherstellung einer ausreichenden Bedienung der Bevölkerung mit Verkehrsleistungen im öffentlichen Personennahverkehr ist eine Aufgabe der Daseinsvorsorge." Die ÖPNV-Gesetze der Länder haben diese Regelung zum Teil wortgleich, sonst in der Sache übernommen, vgl. bspw. Art. 2 Abs. 1 BayÖPNVG.

267 Ebenso lautet bspw. die Definition in § 2 RegG, § 8 Abs. 1 PBefG.

268 *BVerwG*, Urteil vom 27. Juli 1990, 4 C 26/87, NVwZ 1991, 781 Rn. 14.

269 Offen gelassen von *BGH*, Beschluss vom 21. November 1996, V ZB 19/96, NJW 1997, 35 Rn. 5.

270 *BGH*, Urteil vom 10. Oktober 1958, 5 StR 404/58, BGHSt 12, 89.

271 *BGH*, Urteil vom 16. Juli 2004, 2 StR 486/03, BGHSt 49, 214 Rn. 18.

272 *BayVGH*, Urteil vom 3. August 2004, 8 BV 03.275, veröffentlicht bei juris Rn. 24.

273 *OLG Hamburg*, Beschluss vom 3. Dezember 2004, II – 143/04 – 1 Ss – 216/04, NStZ 2005, 276 Rn. 21.

ÖPNV bzw. SPNV Streitgegenstand ist und dieser ohnehin anerkanntermaßen zur Daseinsvorsorge zählt.[274]

Es ist somit derzeit ungeklärt, ob der Fernverkehr zum öffentlich-rechtlichen Begriff der Daseinsvorsorge zu zählen ist. Vieles spricht dafür, nur von einem engen Bedeutungskern der Daseinsvorsorge auszugehen, der insbesondere die Leistungen der Versorgungs- und Entsorgungswirtschaft sowie den ÖPNV, nicht aber den Fernverkehr umfasst.[275] So ist bereits fraglich, ob der Fernverkehr nach den allgemeinen Kriterien zur Sicherung einer Mindestversorgung der Bevölkerung als Ausfluss des grundgesetzlichen Sozialstaatsprinzips (sog. Grundversorgung) erforderlich ist. Anders als der ÖPNV ist der Fernverkehr gerade nicht zur Abdeckung der Grundbedürfnisse von Berufspendlern erforderlich und ermöglicht auch nicht die gesellschaftliche und kulturelle Teilhabe der Bevölkerung. Beides wird weitestgehend durch den ÖPNV mit dem Stadt-, Vorort- und Regionalverkehr gewährleistet.

Aus diesem Grund genießt der ÖPNV in mehrfacher Hinsicht eine vom Gesetzgeber ausdrücklich anerkannte Sonderstellung. Für den SPNV hat er dies – wenngleich nur sehr unvollkommen – in Art. 87 e GG zum Ausdruck gebracht.[276] Auch in § 1 Abs. 1 RegG und den entsprechenden ÖPNV-Gesetzen der Länder wird ausdrücklich nur der ÖPNV als eine Aufgabe der Daseinsvorsorge bezeichnet. Mit diesen Regelungen geht für den ÖPNV eine Verschärfung des allgemeinen Gewährleistungsauftrags des Art. 87 e Abs. 4 GG als Ausdruck dessen einher, dass für das strukturell defizitäre Marktsegment des ÖPNV – anders als für den Fern- und Güterverkehr – die normalen Wettbewerbsbedingungen nicht gelten.[277]

Gemessen an diesen Maßstäben ist der Fernverkehr – und erst recht der nicht unmittelbar den Bedürfnissen der Bevölkerung dienende Güterverkehr – nicht als Teil der Daseinsvorsorge i. S. d. Monopolrechtsprechung anzusehen. Die vom Gesetzgeber vorgenommene besondere Ausgestaltung des ÖPNV, dessen nicht kostendeckender Betrieb und die daraus folgende Notwendigkeit staatlicher Subventionierung sowie die eingeschränkte Bedeutung des Fernverkehrs für den Pendlerverkehr und die gesellschaftliche und kulturelle Teilhabe sprechen vielmehr dafür, lediglich den ÖPNV als Aufgabe der Daseinsvorsorge anzusehen.

Daher sind – vorbehaltlich der weiteren Prüfung – auch höchstens diejenigen Trassenpreise der gerichtlichen Billigkeitskontrolle unterworfen, die mittelbar der Erbringung von Verkehrsdienstleistungen im SPNV dienen. Dabei zählen gemäß dem insoweit eindeutigen § 2 Abs. 8 AEG nur solche Schienenwege zum Regional- bzw. Per-

274 Vgl. *OLG Brandenburg*, Beschluss vom 2. September 2003, Verg W 3/03, NZBau 2003, 688 Rn. 77; *Vergabekammer des Landes Hessen*, Beschluss vom 2. Dezember 2004, 69 d VK-72/2004, veröffentlicht in juris Rn. 101; *Vergabekammer Baden-Württemberg*, Beschluss vom 14. März 2005, 1 VK 5/05, veröffentlicht bei juris Rn. 76; *Vergabekammer der Bezirksregierung Lüneburg*, Beschluss vom 31. August 2005, VgK-35/05, IR 2005, 234 Rn. 45. Vgl. auch *BGH*, Beschluss vom 7. Februar 2006, KVR 5/05, BGHZ 166, 165 Rn. 18 – *DB Regio/üstra*.

275 So für die Beförderung von Personen in Kraftfahrzeugen im Linienverkehr im Rahmen des ÖPNV in Abgrenzung zu Reisedienstleistungen *BGH*, Urteil vom 5. Februar 2009, I ZR 167/06, GRUR 2009, 484 Rn. 27. Vgl. auch *Krajewski*, VerwArch 2008, 174, 195.

276 Dazu im Einzelnen *Möstl*, in: Maunz/Dürig, GG, Art. 87 e Rn. 136.

277 *Möstl*, in: Maunz/Dürig, GG, Art. 87 e Rn. 138; *Tödtmann/Schauer*, NVwZ 2008, 1, 2.

sonennahverkehr, auf denen keine Züge des Personenfernverkehrs verkehren.[278] Ausgenommen von der mittelbaren Daseinsvorsorge und damit von einer Anwendung des § 315 BGB analog sind daher von vornherein alle Trassen, auf denen – und sei es auch nur einmal täglich – Züge des Fernverkehrs verkehren.

(b) "Mittelbare Daseinsvorsorge" in Bezug auf den SPNV?

Im Bereich des SPNV sind zudem eine Reihe von Besonderheiten zu beachten, die eine unbesehene Übertragung der – erweiterten – Monopolrechtsprechung auf den Eisenbahnsektor verbieten. Zwar stellt der Betrieb von Schienenwegen des SPNV eine Tätigkeit der "mittelbaren" Daseinsvorsorge dar, jedoch führt dies nicht notwendig zu einer analogen Anwendung des § 315 BGB in Anwendung der – erweiterten – Monopolrechtsprechung. Das regulatorische Umfeld im SPNV lässt vielmehr keinen Platz für die Annahme einer planwidrigen Regelungslücke.

Nach § 1 Abs. 1 RegG bzw. den entsprechenden Vorschriften der ÖPNV-Gesetze der Länder ist die Sicherstellung einer ausreichenden Bedienung der Bevölkerung mit Verkehrsleistungen im SPNV eine Aufgabe der Daseinsvorsorge. Träger dieser Aufgabe sind – in Übereinstimmung mit den grundgesetzlichen Vorgaben der Art. 87 e Abs. 4, 106 a, 143 a Abs. 3 GG[279] – nach § 1 Abs. 2 RegG i. V. m. den entsprechenden Vorschriften der ÖPNV-Gesetze der Länder (etwa Art. 15 Abs. 1 BayÖPNVG) die Länder, nicht aber die EIU.[280]

Jedoch stellt der Bund den Ländern im Rahmen einer relativ unübersichtlichen Finanzierungsstruktur[281] sog. Regionalisierungsmittel, d. h. Steuermittel, zur Durchführung der Verkehrsdienstleistungen des SPNV zur Verfügung (vgl. etwa §§ 5 Abs. 1, 6 Abs. 1 RegG, 148 SGB IX, 8 Abs. 4 PBefG). Daneben finanziert der Bund unmittelbar Investitionen in die Eisenbahninfrastruktur, vgl. §§ 1 GVFG, 8 Abs. 1, 2 BSchwAG. Die davon profitierenden EIU wiederum müssen über die zweckentsprechende Verwendung der Mittel, die ihnen als privatwirtschaftliche Unternehmen i. S. d. Art. 87 e Abs. 3 GG zur Sicherstellung der "mittelbaren" Daseinsvorsorge von öffentlicher Hand zugewiesen werden, den staatlichen Hoheitsträgern gegenüber Rechenschaft ablegen.[282]

Damit ist sowohl das Schienennetz selbst als auch die Durchführung des SPNV in erheblichem Maße staatlich subventioniert. Eine solche (doppelte) staatliche Subventionierung ist schon deshalb erforderlich, weil der SPNV ein strukturell defizitäres Marktsegment darstellt[283] und die Höhe der Preise im SPNV aus politischen Gründen nicht die tatsächlich anfallenden Kosten abdecken sollen.

278 Siehe auch *Stüer*, Aktuelle Probleme des Eisenbahnrechts XIII – Bericht über die eisenbahnrechtliche Fachtagung in Tübingen, 2007, S. 3.
279 Siehe dazu *Möstl*, in: Maunz/Dürig, GG, Art. 87 e Rn. 136 ff.
280 *LG Frankfurt am Main*, Urteil vom 29. Mai 2009, 3/12 O 178/08.
281 *Höhnscheid*, ÖPNV-Finanzierung: die gesamtwirtschaftliche Sicht, S. 16.
282 Siehe dazu im Einzelnen: *Staebe*, WuW 2006, 492, 499 f.
283 Siehe dazu bereits oben C.III.2.2 b.bb(3)(a).

Die Länder kommen ihrer Verpflichtung zur Planung, Organisation und Sicherstellung des SPNV durch die zweckentsprechende Zuweisung der (Regionalisierungs-)Mittel an EIU und EVU nach. So trägt bspw. der Freistaat Bayern nach Art. 29 Abs. 1 BayÖPNVG die Kostendeckungsfehlbeträge für die Verkehrsdienstleistungen im SPNV. Gleichzeitig sind die Länder auch Nachfrager von Verkehrsdienstleistungen im SPNV. Sie schreiben daher regelmäßig die zu bewirtschaftenden Strecken im SPNV aus und wählen unter Berücksichtigung der eisenbahnrechtlichen Vorgaben und Ziele das beste Angebot aller bietenden EVU aus.

Da sowohl die Schienennetze als auch die einzelnen Verkehrsdienstleistungen im SPNV staatlich subventioniert sind und die tatsächlichen Kosten nicht vollständig auf die Endverbraucher umgelegt werden, sind die Preise für Verkehrsdienstleistungen im Ergebnis in hohem Maße politisch bestimmt. Die Höhe der Trassenpreise als Teil der Kosten für den Betrieb von Leistungen im SPNV selbst spielt folglich für die abschließende Festlegung der Entgelte und damit für die Endverbraucher keine entscheidende Rolle.

Das Gleiche trifft auf die EVU zu. Wettbewerbsverzerrungen bei Ausschreibungen durch Trassenpreise sind schon deshalb nicht möglich, weil für die ausgeschriebene Trasse die Trassenpreise jeweils für alle EVU gleichermaßen gelten. Die EVU können die Trassenpreise nach den von ihnen mit den Aufgabenträgern geschlossenen Verkehrsverträgen zudem regelmäßig an diese durchreichen. Damit sind die Trassenpreise bei den EVU nur durchlaufende Posten. Aus diesem Grund werden die Trassenpreise in Vergabenachprüfverfahren regelmäßig auch nicht bei der Streitwertbemessung berücksichtigt.

Aber auch für die Durchführung der Verkehrsdienstleistungen im SPNV durch EVU spielt die Höhe der Trassenpreise keine Rolle. Denn die Verkehrsleistungen im SPNV werden ebenfalls nach den mit den Aufgabenträgern geschlossenen Verträgen erbracht, so dass die Trassenpreise auch bei Verkehrsleistungen im SPNV an diese durchgereicht werden können.

Weder Endverbraucher noch EVU haben folglich im Ergebnis ein anerkennenswertes Interesse an der Kontrolle der Höhe der Trassenpreise über die analoge Anwendung von § 315 BGB auf Grundlage der – erweiterten – Monopolrechtsprechung. Lediglich die Länder haben als Nachfrager von Verkehrsdienstleistungen im SPNV wie als Subventionsgeber ein rechtlich anerkennenswertes Interesse an der Einhaltung der eisenbahnrechtlichen Vorgaben zur Bemessung der Trassenpreise. Diesen stehen jedoch hinreichende öffentlich-rechtliche Kontrollmöglichkeiten zur Verfügung. Insbesondere können sie die absolute Höhe der Zuweisung von Regionalisierungsmitteln von der Einhaltung der gesetzlich vorgeschriebenen Grundsätze der Entgeltbemessung abhängig machen.

Es fehlt somit aufgrund des besonderen regulatorischen Umfelds des SPNV, insbesondere aufgrund der (doppelten) staatlichen Subventionierung des SPNV, an einer planwidrigen Regelungslücke, die durch analoge Anwendung des § 315 BGB auf die Trassenpreise der DB Netz AG geschlossen werden müsste. Ein anerkennenswertes Interesse der EVU für die richterliche Billigkeitskontrolle ist nicht ersichtlich. Als eigentliche Aufgabenträger der "mittelbaren" Daseinsvorsorge im Bereich der Trassennutzung obliegt es primär den Ländern, die Einhaltung der Grundsätze der Entgeltbemessung (§§ 14 Abs. 4, 5 AEG, 21 ff. EIBV) zu kontrollieren und gegebenenfalls gegen missbräuchlich überhöhte Trassenpreise vorzugehen. Daneben bieten lediglich die §§ 138, 826 BGB und §§ 19, 20 GWB den EVU die zivil- und kartellrechtliche Möglichkeit, Trassenpreise auf ihre missbräuchliche Überhöhung überprüfen zu lassen. Für eine gerichtliche Billigkeitskontrolle nach § 315 BGB ist hingegen kein Raum.

(4) Zwischenergebnis

Die Wahrnehmung von Aufgaben der "mittelbaren" Daseinsvorsorge in Form der Planung, Organisation und Sicherstellung des SPNV durch die EIU bzw. die Betreiber von Schienenwegen bedeutet nicht, dass die Trassenpreise der DB Netz AG notwendig einer richterlichen Billigkeitskontrolle gemäß § 315 BGB unterliegen. Vielmehr sind – wie in der Entscheidung des BGH vom 19. November 2008[284] angedeutet – die gesamten Umstände und insbesondere Sinn und Zweck der gesetzlichen Regelung zu berücksichtigen. Die (doppelte) staatliche Subventionierung des strukturell defizitären Marktsegments des öffentlichen SPNV durch Regionalisierungsmittel, die daraus resultierende Einflussnahme der öffentlichen Hand auf die Gestaltung der Trassenpreise und die ausdifferenzierte gesetzliche Ausgestaltung der Entgeltbemessungsgrundsätze in den §§ 14 Abs. 4, 5 AEG, 21 ff. EIBV zeigen, dass für eine Preiskontrolle der Trassenpreise in Erweiterung der Monopolrechtsprechung kein Raum ist. Jedenfalls ist eine unbesehene Erweiterung der Monopolrechtsprechung auf die Trassenpreise der Betreiber von Schienenwegen nicht möglich. Insoweit fehlt es an einer planwidrigen Regelungslücke.

2.3 Zwischenergebnis

Eine analoge Anwendung des § 315 BGB auf die Trassenpreise der DB Netz AG unter Berufung auf die Monopolrechtsprechung ist abzulehnen. Es fehlt bereits an einer planwidrigen Regelungslücke. Der Gesetzgeber hat mit den *inter omnes* wirkenden §§ 14 e, 14 f AEG ausdifferenzierte Rechtsbehelfe für betroffene EVU vorgesehen. Für eine davon unabhängige, lediglich *inter partes* wirkende analoge Anwendung des § 315 BGB ist wegen der Gefahr widersprüchlicher Entscheidungen kein Raum. Dabei schließen die §§ 14 e, 14 f AEG nicht den gesamten Zivilrechtsweg aus. EVU sind aber gehalten, vorrangig die Prüfungsverfahren vor der BNetzA und den sich daran anschließenden Verwaltungsrechtsweg zu beschreiten. Die ordentlichen Gerichte sind demzufolge gemäß § 148 ZPO verpflichtet, die anhängigen Verfahren bis zu einer Entscheidung der BNetzA bzw. der Verwaltungsgerichte auszusetzen.

284 *BGH*, Urteil vom 19. November 2008, VIII ZR 138/07, NJW 2009, 502. Ebenso BGH, Urteil vom 8. Juli 2009, VIII ZR 314/07, NJW 2009, 2894.

Zudem sind auch die Tatbestandsvoraussetzungen für eine Übertragung der Monopolrechtsprechung auf die Trassenpreise der DB Netz AG nicht erfüllt. Zwar sind die EVU auf die Benutzung des Schienennetzes der DB Netz AG, einem natürlichen Monopol, angewiesen. Jedoch nimmt die DB Netz AG gegenüber den EVU keine Aufgabe der "unmittelbaren" Daseinsvorsorge wahr. Weder erbringt sie selbst Verkehrsdienstleistungen im SPNV, noch kann die öffentlich-rechtliche Pflicht zur Errichtung bzw. Instandhaltung des Schienennetzes als zivilrechtliche Aufgabe der "unmittelbaren" Daseinsvorsorge gegenüber den EVU angesehen werden. Der Fern- und Güterverkehr ist bereits von vornherein nicht als Aufgabe der Daseinsvorsorge anzusehen.

Für eine unbesehene Erweiterung der Monopolrechtsprechung auf Fälle der "mittelbaren" Daseinsvorsorge ist zumindest im Bereich der Eisenbahntrassennutzung kein Raum. Ursache dafür ist das sehr stark differierende regulatorische Umfeld von Strom- und Gasbereich einerseits und SPNV andererseits. So ist das strukturell defizitäre Marktsegment des SPNV geprägt durch die staatliche Subventionierung durch Regionalisierungsmittel der öffentlichen Hand, durch die daraus resultierende Einflussnahme staatlicher Stellen auf die Gestaltung der Trassenpreise und durch die ausdifferenzierte gesetzliche Ausgestaltung der Entgeltbemessungsgrundsätze in den §§ 14 Abs. 4, 5 AEG, 21 ff. EIBV. Daher ist für eine Preiskontrolle der Trassenpreise der DB Netz AG in Erweiterung der Monopolrechtsprechung kein Raum.

D. Zusammenfassung

1. Eine direkte Anwendung des § 315 BGB auf die Trassenpreise der DB Netz AG ist abzulehnen. Weder Grundsatz-INV inkl. SNB bzw. ABN noch fakultativ abzuschließende Rahmenverträge räumen der DB Netz AG ein einseitiges Leistungsbestimmungsrecht ein. Vielmehr ist die Einigung über die Trassenpreise Gegenstand der Einzelnutzungsverträge. Eine Vertragslücke, die durch ein einseitiges Leistungsbestimmungsrecht zu schließen wäre, besteht infolge der individualvertraglichen Einigung auf die Trassenpreise in den Einzelnutzungsverträgen von vornherein nicht.
2. Die Ableitung eines gesetzlichen Leistungsbestimmungsrechts aus den eisenbahnrechtlichen Normen ist nicht möglich. Weder § 14 Abs. 4 S. 1 AEG i. V. m. § 21 Abs. 1 S. 1 EIBV noch § 14 Abs. 1 AEG räumen der DB Netz AG ein gesetzliches Leistungsbestimmungsrecht ein, in dessen Ausübung die DB Netz AG die Trassenpreise einseitig festsetzt. Vielmehr handelt es sich bei den Trassenpreisen um jährlich in den Einzelnutzungsverträgen neu vereinbarte Anfangspreise. Die §§ 14 Abs. 4 S. 1 AEG, 21 Abs. 1 S. 1 EIBV enthalten lediglich materielle Vorgaben für die Bemessung der Höhe der Trassenpreise. Aus bloßen Diskriminierungsverboten wie § 14 Abs. 1 AEG können darüber hinaus bereits aus grundsätzlichen Erwägungen keine gesetzlichen Leistungsbestimmungsrechte abgeleitet werden.
3. Eine analoge Anwendung des § 315 BGB auf die Trassenpreise der DB Netz AG unter Berufung auf die Monopolrechtsprechung ist abzulehnen. Mangels planwidriger Regelungslücke ist für eine analoge Anwendung des § 315 BGB von vornherein kein Raum. Insoweit hat der Gesetzgeber zwar nicht mit dem Vorabprüfungsverfahren nach § 14e AEG oder dem Überprüfungsverfahren nach § 14f Abs. 1 AEG, wohl aber mit dem *inter omnes* wirkenden Verfahren der nachträglichen Prüfung nach § 14f Abs. 2, 3 AEG (sog. Zugangs- oder Anschlussverfahren) einen gegenüber dem lediglich *inter partes* wirkenden § 315 BGB vorrangigen Rechtsbehelf für Auseinandersetzungen über die Entgeltgrundsätze und Entgelthöhen vorgesehen.
4. Das Zugangs- oder Anschlussverfahren gemäß § 14f Abs. 2, 3 AEG schließt zwar nicht von vornherein den Zivilrechtsweg aus. EVU wie EIU sind aber im Sinne einer Obliegenheit gehalten, das Verfahren des § 14f Abs. 2, 3 AEG vor der Regulierungsbehörde und gegebenenfalls den sich daran anschließenden Verwaltungsrechtsweg zu beschreiten. Andernfalls sind ihnen in einem Verfahren vor den Zivilgerichten die Einwände abgeschnitten, die im Verfahren nach § 14f Abs. 2, 3 AEG vor der Regulierungsbehörden hätten vorgebracht werden können.
5. Wird parallel zu dem Verfahren nach § 14f Abs. 2, 3 AEG ein Verfahren vor den ordentlichen Gerichten gemäß § 315 BGB angestrengt, so sind diese gemäß § 148 ZPO gehalten, das anhängige Verfahren bis zu einer Entscheidung der Regulierungsbehörde bzw. der Verwaltungsgerichte auszusetzen. Infolge des durch die

eisenbahnrechtlichen Normen konkretisierten Billigkeitsmaßstabs des § 315 BGB dürfen die ordentlichen Gerichte keine davon abweichende Entscheidung hinsichtlich der Entgelte treffen.

6. Darüber hinaus sind auch die Tatbestandsvoraussetzungen der Monopolrechtsprechung auf die Trassenpreise der DB Netz AG nicht erfüllt. Zwar sind die EVU auf die Benutzung des Schienennetzes der DB Netz AG, einem natürlichen Monopol, angewiesen. Jedoch nimmt die DB Netz AG gegenüber den EVU keine Aufgabe der "unmittelbaren" Daseinsvorsorge wahr. Weder erbringt sie selbst Verkehrsdienstleistungen im SPNV, noch kann die öffentlich-rechtliche Pflicht zur Errichtung bzw. Instandhaltung des Schienennetzes als zivilrechtliche Aufgabe der "unmittelbaren" Daseinsvorsorge gegenüber den EVU angesehen werden. Der Fern- und Güterverkehr ist bereits von vornherein nicht als Aufgabe der Daseinsvorsorge anzusehen.
7. Für eine Erweiterung der Monopolrechtsprechung auf Fälle der "mittelbaren" Daseinsvorsorge ist zumindest im Bereich der Eisenbahntrassennutzung kein Raum. Das regulatorische Umfeld für die Versorgung der Bevölkerung mit Strom und Gas unterscheidet sich grundlegend von demjenigen des SPNV. Der strukturell defizitäre SPNV wird von der öffentlichen Hand subventioniert, die Endverbraucherpreise sind politisch motivierte Preise. Die Trassenpreise sind für den Wettbewerb der EVU untereinander irrelevant. Daher ist für eine Preiskontrolle der Trassenpreise der DB Netz AG in Erweiterung der Monopolrechtsprechung kein Raum.

Literaturverzeichnis

Ambrosius, Barbara, Die Rechtsprechung des Bundesgerichtshofs zur Billigkeitskontrolle von Tarifen der Versorgungsunternehmen, ZNER 2007, 95-102.

Bamberger, Heinz Georg / Roth, Herbert, Kommentar zum Bürgerlichen Gesetzbuch, 2. Aufl. 2007.

Bartosch, Andreas / Jaros, Krysztof, Die Regulierung des Eisenbahnwesens in Deutschland, WuW 2005, 15-28.

Baumann, Toralf, Zur Billigkeitskontrolle von Strompreisen gemäß § 315 BGB, CuR 2007, 60-64.

Baur, Jürgen / Henk-Merten, Katrin, Kartellbehördliche Preisaufsicht über den Netzzugang, 2002.

Bechtold, Rainer, Kartellgesetz – Gesetz gegen Wettbewerbsbeschränkungen (GWB), 5. Aufl. 2008.

Becker, Antje, Zur Anwendbarkeit des § 315 BGB in der Fernwärmewirtschaft, CuR 2005, 62-67.

Behr, Nele / Gorn, Cornelia, Schadensersatzklagen wegen Verletzung sektorspezifischen Wettbewerbsrechts, N&R 2009, 2-7.

Berkner, Ursula / Topp, Adolf / Kuhn, Ralf / Tomala, Sebastian, Das Verhältnis von § 30 AVBFernwärmeV zu § 315 BGB im Blickwinkel der neuen Rechtsprechung, Energiewirtschaftliche Tagesfragen 2005, 952-961.

Böcker, Lina Barbara, Zwischen Gestaltungsrecht und Verbotsnorm – Zur Auslegung des § 6 EnWG 1998 als gesetzliches Leistungsbestimmungsrecht durch den BGH – Anmerkung zu BGH, Urt. v. 4. 3. 2008 – KZR 29/06, NJW 2008, 2175 – Stromnetznutzungsentgelt III, ZWeR 2009, 105-113.

Bork, Reinhard, Über die Billigkeitsprüfung nach § 315 BGB bei Preisabsprachen für die Stromnetznutzung, JZ 2006, 682-685.

Bredt, Stephan, Zivilgerichtliche Prüfung von Eisenbahninfrastrukturnutzungsentgelten, N&R 2009, 235-241.

Bredt, Stephan / Faßbender, Joachim, KG: Zu den zivilrechtlichen Leistungspflichten und Minderungsrechten aus einem Eisenbahninfrastrukturnutzungsvertrag, IR 2009, 142-143.

Büdenbender, Ulrich, Die Bedeutung der Preismissbrauchskontrolle nach § 315 BGB in der Energiewirtschaft, NJW 2007, 2945-2951.

Büdenbender, Ulrich, Zulässigkeit der Preiskontrolle von Fernwärmeversorgungsverträgen nach § 315 BGB, 2005.

Derleder, Peter / Rott, Peter, Die rechtlichen Grenzen von Gaspreiserhöhungen, WuM 2005, 423-430.

Dreher, Meinrad, Die richterliche Billigkeitsprüfung gemäß § 315 BGB bei einseitigen Preiserhöhungen aufgrund von Preisanpassungsklauseln in der Energiewirtschaft, ZNER 2007, 103-114.

Ehricke, Ulrich, Die Kontrolle von einseitigen Preisfestsetzungen in Gaslieferungsverträgen, JZ 2005, 599-606.

Erman, Walter, BGB, 12. Aufl. 2008.

Fastrich, Lorenz, Richterliche Inhaltskontrolle im Privatrecht, 1992.

Fricke, Thomas, Zivilrechtliche Billigkeitskontrolle von Erdgaspreisen gemäß § 315 BGB, WuM 2005, 547-552.

Frotscher, Werner / Kramer, Urs, Sechs Jahre nach der Bahnreform – Das Allgemeine Eisenbahngesetz auf dem Prüfstand, NVwZ 2001, 24-34.

Geppert, Martin / Helmes, Patrick, BGH: Neuerdings unzuständig für das Zivilrecht?, MMR 2007, 564-568.

Gersdorf, Hubertus, Entgeltregulierung im Eisenbahnsektor, 2007.

Hammerstein, Christian von, Zivilrechtliche Bestimmung von Netznutzungsentgelten nach § 315 BGB, ZNER 2005, 9-16.

Hanau, Hans, Die Billigkeitskontrolle von Gaspreisen, ZIP 2006, 1281-1289.

Held, Joachim, Überhöhte Preise auf dem Wärmemarkt? – Billigkeitskontrolle von Erdgas- und Fernwärmetarifen nach § 315 BGB, NZM 2004, 169-177.

Hermes, Georg / Sellner, Dieter, Beck'scher AEG-Kommentar, 2006.

Höhnscheid, Heike, ÖPNV-Finanzierung: die gesamtwirtschaftliche Sicht, in: *Herrmann, Monika* (Hrsg.), ÖPNV: Luxus oder Sparmodell? ÖV an der Grenze der Finanzierbarkeit, Arbeitsbericht Nr. 159, 2000, S. 15-33.

Horstmann, Karl-Peter, Netzzugang in der Energiewirtschaft, 2001.

Immenga, Ulrich / Mestmäcker, Ernst-Joachim, Wettbewerbsrecht, Bd. 1 EG/Teil 2, 4. Aufl. 2007.

Immenga, Ulrich / Mestmäcker, Ernst-Joachim, Wettbewerbsrecht, Bd. 2 GWB, 4. Aufl. 2007.

Kling, Michael / Thomas, Stefan, Kartellrecht, 2007.

Klotz, Robert / Brandenburg, Alexandra, Entwicklungen des Gemeinschaftsrechts in den Netzwirtschaften im Jahr 2008, N&R 2009, 8-16.

Koenig, Christian / Neumann, Andreas / Schellberg, Margret, Neue Spielregeln für den Zugang zur Eisenbahninfrastruktur als Voraussetzung für chancengleichen Wettbewerb auf der Schiene, WuW 2006, 139-149.

Krajewski, Markus, Rechtsbegriff Daseinsvorsorge?, VerwArch 2008, 174-196.

Kronke, Herbert, Zu Funktion und Dogmatik der Leistungsbestimmung nach § 315 BGB, AcP 183 (1983), 113-144.

Kühling, Jürgen / Ernert, Alexander, Das neue Eisenbahnwirtschaftsrecht – Hochgeschwindigkeitstrasse für den Wettbewerb?, NVwZ 2006, 33-39.

Kühne, Gunther, Vom Privatrecht zum Wirtschaftsrecht – Die Verdrängung der Monopolpreisrechtsprechung zu § 315 BGB durch Kartellrecht, RdE 2005, 241-250.

Kühne, Gunther, Gerichtliche Kontrolle im Energierecht, NJW 2006, 654-657.

Kühne, Gunther, Billigkeitskontrolle und Verbotsgesetze, NJW 2006, 2520-2522.

Kunth, Bernd / Tüngler, Stefan, Die gerichtliche Kontrolle von Gaspreisen, NJW 2005, 1313-1315.

Lau, Ulrich, Die Rechtsprechung des OVG Münster zum Eisenbahnregulierungsrecht, N&R 2009, 43-48.

Linsmeier, Petra, Gesetzliches Leistungsbestimmungsrecht bei Netznutzungsentgelten, NJW 2008, 2162-2165.

Makatsch, Tilman, Vorrang des Eisenbahnrechts vor Kartellrecht und Billigkeitskontrolle nach § 315 III BGB, Anmerkung zum Urteil des LG Berlin vom 14. Mai 2009, 93 O 47/08, IR 2009, 162-163.

Markert, Kurt, Zum Leistungsbestimmungsrecht und zur Billigkeitskontrolle bei der Festlegung von Stromnetznutzungsentgelten, RdE 2008, 176-178.

Maunz, Theodor / Dürig, Günter, Grundgesetz – Kommentar, 53. Aufl. 2009.

Metzger, Axel, Energiepreise auf dem Prüfstand: Zur Entgeltkontrolle nach Energie-, Kartell- und Vertragsrecht, ZHR 2008, 458-478.

Michalski, Lutz / Bauriedl, Hubert, Bindungswirkung behördlich genehmigter Telefontarife für die Zivilgerichte, CR 1998, 657-664.

Palandt, Otto, Bürgerliches Gesetzbuch (BGB), 68. Aufl. 2009.

Piepenbrock, Hermann-Josef / Schuster, Fabian, GWB und TKG: Gegeneinander, Nebeneinander oder Miteinander? Zum Verhältnis zwischen sektorspezifischem und allgemeinem Kartellrecht, CR 2002, 98-107.

Pielow, Johann-Christian, Öffentliche Daseinsvorsorge zwischen "Markt" und "Staat", JuS 2006, 692-694.

Rebmann, Kurt / Säcker, Franz Jürgen / Rixecker, Roland, Münchener Kommentar zum Bürgerlichen Gesetzbuch, Band 2 – Schuldrecht Allgemeiner Teil, §§ 241-432, 5. Aufl. 2007.

Ruge, Reinhard, Die neue Eisenbahninfrastruktur-Benutzungsverordnung (EIBV), IR 2005, 196-200.

Säcker, Franz Jürgen, Zum Verhältnis von § 315 BGB, § 20 AVBElt, § 30 AVBGas, § 24 AVBFernwärme und § 19 GWB – Zur MVV-Entscheidung des Bundesgerichtshofs vom 18.10.2005, RdE 2006, 65-76.

Säcker, Franz Jürgen, Zur gerichtlichen Kontrolle der Angemessenheit von Stromnutzungsentgelten, N&R 2008, 134-137.

Schebstadt, Arnd, BGH: Gerichtliche Billigkeitskontrolle des Entgelts für Stromdurchleitung – Stromnetznutzungsentgelt, MMR 2006, 157-158.

Schmitt, Thomas, Die Entwicklung der Eisenbahnregulierung seit 2005, NVwZ 2008, 526-528.

Schulz-Gardyan, Olaf, Gerichtliche Billigkeitskontrolle von Netznutzungsentgelten nach § 315 Abs. 3 BGB?, RdE 2003, 9-15.

Staebe, Erik, Grundfragen der Trassenpreisregulierung nach der dritten AEG-Novelle, WuW 2006, 492-501.

Stappert, Holger, Zivilrechtliche Überprüfung von Strompreisen und Netznutzungsentgelten, NJW 2003, 3177-3180.

Staudinger, Julius von, BGB – Kommentar zum Bürgerlichen Gesetzbuch, Buch 1 – Allgemeiner Teil 4, 2003.

Staudinger, Julius von, BGB – Kommentar zum Bürgerlichen Gesetzbuch, Buch 2 – Recht der Schuldverhältnisse, §§ 315-326 (Leistungsstörungsrecht II), 2004.

Steenbuck, Michael, Rechtsschutz gegen Preiserhöhungen bei Strom und Gas, MDR 2009, 122-126.

Steinmann, Anne, Monopolpreise der DB AG – Welche Antworten geben die aktuellen Urteile des LG Berlin?, IR 2009, 152-154.

Strohe, Dirk, Energiepreiskontrolle durch den BGH nach § 315 BGB, NZM 2007, 871-874.

Stüer, Bernhard, Aktuelle Probleme des Eisenbahnrechts XIII – Bericht über die eisenbahnrechtliche Fachtagung in Tübingen, 2007, abzurufen unter: http://www.bundesnetzagentur.de/media/archive/11708.pdf (zuletzt abgerufen am 2. Juni 2009).

Theobald, Christian, Aktuelle Entwicklungen des Infrastrukturrechts, NJW 2003, 324-331.

Theobald, Christian / Hummel, Konrad, Entgeltregulierung in Netzwirtschaften, N&R 2004, 2-7.

Tödtmann, Ulrich / Schauer, Michael, Aktuelle Rechtsfragen zum öffentlichen Personennahverkehr – Nationale und europäische Rechtsentwicklung sowie Konsequenzen für die Praxis, NVwZ 2008, 1-7.

Trute, Hans-Heinrich / Broemel, Roland, Die Regulierung des Zugangs in den Netzwirtschaften, ZHR 170 (2006), 706-736.

Uhlenhut, Bernd, LG Berlin zum digitalen Zugfunk – Erwiderung auf Ruge, IR 2005, 16 ff., IR 2005, 65-66.

Wagemann, Markus, Die Fortentwicklung des Vergleichsmarktkonzepts in der Preismissbrauchsaufsicht, in: *Brinker, Ingo / Scheuing, Dieter / Stockmann, Kurt*, Recht und Wettbewerb – Festschrift für Rainer Bechtold zum 65. Geburtstag, 2006, S. 593-609.

Westphalen, Friedrich Graf von, Zur Rechtmäßigkeit der Tarifreform der Deutschen Telekom AG, DB, Beilage Nr. 5/96 zu Heft Nr. 11, 1-15.

Weyer, Hartmut, Das Energiewirtschaftsrecht im Jahr 2008, N&R 2009, 17-25.

Wielsch, Dan, Die Kontrolle von Energiepreisen zwischen BGB und GWB, JZ 2008, 68-73.

Zeitfracht Medien GmbH
Ferdinand-Jühlke-Straße 7
99095 Erfurt, Deutschland
produktsicherheit@kolibri360.de